Knaur.

Knaur.

Über die Autorinnen:

Christine Li, Sinologin und Ärztin für chinesische Medizin, hat für dieses Buch tausendjährige chinesische Klassiker übersetzt. Sie leitet das Zentrum für chinesische Medizin und Lebensart in Hamburg.

Ulja Krautwald studierte Soziologie und arbeitet seit vielen Jahren im Themenbereich »fernöstliche Heil- und Lebensweisen«. Sie ist freie Autorin und lebt mit ihren zwei Kindern in Hamburg.

Christine Li · Ulja Krautwald

Der Weg der Kaiserin

Wie Sie die alten
chinesischen Geheimnisse
weiblicher Lust und Macht
für sich entdecken

Knaur Taschenbuch Verlag

Die Informationen dieses Buches können ärztlichen Rat nicht ersetzen. Bitte konsultieren Sie bei ernsthaften gesundheitlichen Beschwerden in jedem Fall eine Ärztin oder einen Arzt. Eine Haftung der Autorinnen und des Verlags für etwaige Schäden, die sich aus dem Gebrauch oder Missbrauch des in diesem Buch präsentierten Materials ergeben, ist ausgeschlossen.

Besuchen Sie uns im Internet:
www.droemer-knaur.de

Vollständige Taschenbuchausgabe 2003
Droemersche Verlagsanstalt Th. Knaur Nachf., München
Copyright © 2000 Scherz Verlag, Bern, München, Wien
Alle Rechte vorbehalten. Das Werk darf – auch teilweise –
nur mit Genehmigung des Verlags wiedergegeben werden.
Umschlaggestaltung: ZERO Werbeagentur, München
Umschlagabbildung: P. Agentur für Markengestaltung
Satz: Ventura Publisher im Verlag
Druck und Bindung: Clausen & Bosse, Leck
Printed in Germany
ISBN 3-426-77611-1

5 4

Für unsere Töchter Jade und Jytte

Inhalt

An die kaiserliche Leserin 9

1. Die Weissagung, früherer Himmel,
   vom Reifenlassen
   Niere – angeborene Essenz 21
2. Blind vor Liebe
   Feuer – Herz – Identität 41
   *Kaiserinnenelixier: Das Elixier, das junge Mädchen
   unter dem Kopfkissen aufbewahren sollten* 62
3. Ausstrahlung und Duft
   Lebenstorfeuer – Yang-Niere – Begehren 65
   Kaiserinnenelixier: Tee für die kühle Göttin 81
   Kaiserinnenelixier: Duftelixier 82
4. Klosterzeit
   Wasser – Yin-Niere – Weg nach innen 85
   *Kaiserinnenelixier: Zinnoberelixier,
   um in die Tiefe zu tauchen* 95

Das Buch der Nonne
5. Strategie und Kraft
   Leberqi – Holz – die Entdeckung
   der verborgenen Wünsche 123
   Kaiserinnenelixier: Biegsamer Bambus 143
6. Magie, Liebe, Selbstverwirklichung
   Leber – Blut – Menstruation 145
   Kaiserinnenelixier: Zinnoberroter Fluss 156
7. Die unsichtbare Frau
   Spätsommer – Erde........................... 165

    Kaiserinnenelixier: Elixier,
    das die Jugend zurückholt 184
8. Abschied und Befreiung
   Herbst – Metall 187
   Kaiserinnenelixier: Meißel, der Erstarrtes löst 204
   Kaiserinnenelixier: Tonikum für volle Lippen 205
9. Machtwechsel, Wechseljahre
   Holz – Leber – zweiter Frühling 209
   Kaiserinnenelixier: Der tiefe Brunnen wird gefüllt 229
   Kaiserinnenelixier: Die Kaiserin reitet den Drachen ... 230
10. Weisheit und Vollendung
    Herz-Yang – Verbindung zum Kosmos –
    der letzte Liebhaber 231
    Kaiserinnenelixier: Weißer Lotus 247

Anhang
Die Zubereitung chinesischer Kräutertees 249
Glossar 254

An die kaiserliche Leserin

Jede Frau kann Kaiserin sein – wenn sie sich mit allen Konsequenzen dafür entscheidet und bereit ist, ihr Leben selbst zu bestimmen. Zum Zeitpunkt ihrer Geburt ist jede Frau einmalig und vollkommen. Alles, was sie braucht, liegt in ihr. Wie im Samen einer Pflanze. Gelingt es ihr, ihre verborgenen Potentiale zu entfalten und auszuleben, wird sie zur Kaiserin in ihrem eigenen Reich – ganz gleich, wie groß oder klein dieses Reich sein mag. Hat sie sich erst von herkömmlichen Ansichten, wie eine Frau zu sein hat, befreit, liegen Lust und Macht, Schönheit und Weisheit allein in ihren Händen. Es liegt an jeder Frau selbst, sich für den kaiserlichen Weg zu entscheiden.

Doch Vorsicht: Das Leben einer Kaiserin ist nicht leicht. Statt sich an vorgegebenen Mustern zu orientieren, lebt eine Kaiserin selbstbestimmt und frei. Es gibt keine Konventionen und ausgetretenen Pfade, an die sie sich halten kann. Jede Lebensphase stellt sie vor neue Aufgaben und Fragen. Die Antworten muss sie selbst finden. Sie folgt ihren Visionen, Eingebungen und Träumen und verwirklicht so ihre inneren Ziele. Kraft und Mut wachsen aus ihr selbst mit jeder Aufgabe, die sie sich stellt. Den roten Teppich muss sie sich selbst ausrollen.

Ein kaiserliches Buch

Dies ist ein Buch für Kaiserinnen. Kaiserinnen gehen ihren eigenen Weg. Vorgefertigte Antworten und todsichere

Tipps für schwierige Lebenssituationen finden sich in diesem Buch daher nicht. In den zehn Kapiteln spiegeln sich zehn wichtige Entwicklungsphasen des Frauenlebens mit seinen typischen Herausforderungen und Lebensaufgaben wider. Übungen und magische Kräuterelixiere helfen, Geist und Seele freizumachen für neue Erkenntnisse und Lösungen. Die Wirkung dieses Buches entfaltet sich jedoch bereits beim Lesen, ohne dass die Leserin viel dazutun muss. So sind auch große Teile des Buches nahezu ohne unser Zutun entstanden. Wir haben nur unser Wissen und unsere Erfahrungen als Werkzeug bereitgehalten und unsere Gedanken gebündelt. Auf geheimnisvolle Weise begegneten uns daraufhin Menschen und Situationen, die das anvisierte Thema verdeutlichten. Wu Wei heißt es im Chinesischen, wenn das Unergründliche von selbst wirkt. So entstand dieses Buch. So fanden uns die Worte der Kaiserin.

Die Kaiserin, das ist die Kaiserin Wu, die im siebten Jahrhundert unserer Zeitrechnung über China geherrscht hat und deren Wirken bis zu uns und in unsere Zeit reicht. Wu Zhao war ein Mädchen vom Lande, eine einfache Konkubine, die sich im Alleingang gegen den Widerstand der gesamten chinesischen Gesellschaft bis ganz an die Spitze kämpfte. Sie war die einzige Frau, die in China jemals offiziell herrschte. Sie war mehrfache Mutter, leidenschaftliche Liebhaberin, Künstlerin und Gelehrte.

Wu ging ihren Weg kompromisslos. Konventionen und althergebrachte Moralvorstellungen galten ihr nichts. In einer frauenfeindlichen Zeit schuf sie neue und bessere Gesetze; sie liebte ihre Freunde, vor allem aber ihre weiblichen Verwandten hingebungsvoll und verfolgte ihre Feinde erbarmungslos.

Wus besonderes Interesse galt der Medizin. Sie sorgte dafür, dass das alte Wissen um Sexualmagie und Medizin aus weiblicher Sicht erhalten blieb, und sie förderte den großen Magier und Arzt Sun Simiao, der bis heute in China als »Medizingott« verehrt wird. Da sie selbst bis ins hohe Alter junge Künstler und daoistische Mönche als Liebhaber hatte, ging sie in die konfuzianische Geschichtsschreibung späterer Zeiten als sexbesessenes Monstrum und »unweibliche Frau« ein.

Wir nehmen die Lebensgeschichte der Kaiserin Wu als Beispiel für ein gelungenes selbstbestimmtes Frauenleben. In den verschiedenen Lebensphasen der Wu werden altes Wissen, chinesische Medizin und strategisches Handeln für uns lebendig.

Zu Beginn eines jeden Kapitels erzählen wir ein Stück aus der Lebensgeschichte der Kaiserin Wu und übertragen das jeweilige Thema dann auf die Lebenssituation einer heutigen Frau. Ganz gleich, um welche Lebenslage und welches Problem es sich handelt – eine Kaiserin liest die Zeichen und Signale ihres Körpers wie ein Buch und benutzt sie, um ihre weibliche Macht ganz zu entfalten und in ihrem eigenen Sinne einzusetzen. Körper und Seele sind eins. Daher kommen in den meisten Kapiteln Störungen zur Sprache, die in unserer Zeit als medizinische Probleme abgetan werden: »Frauenleiden« wie Liebeskummer, Menstruation, prämenstruelles Syndrom, Gereiztheit, Depression, Lustlosigkeit, Erschöpfung, Wechseljahre und so weiter – die entstehen, wenn weibliche Macht sich nicht entfalten kann und sich gegen die Frau selbst richtet. In vielen dieser Situationen ist es sinnvoll, zunächst mit gezieltem Einsatz von Kräutern oder bestimmten Nahrungsmitteln Energieblockaden zu lösen. Neue Erkenntnisse und Impulse folgen dem gesteigerten Wohlbefinden. Sie kommen von innen.

Die Rezepte und Strategien in diesem Buch beruhen alle auf den originalen Schriften Sun Simiaos und anderer uralter chinesischer Gelehrter und Weiser. Wir haben sie an die Bedürfnisse moderner Kaiserinnen angepasst und jahrelang in eigener Praxis erprobt.

Dauerhafte Abhilfe jedoch gelingt nicht ohne Selbstbestimmung und Machtausweitung. Solche Veränderungen werden von der Umgebung der Kaiserin nicht immer wohlwollend aufgenommen. Eine Kaiserin ist nicht *everybody's darling*. Auch heute gilt in vielen Situationen genau wie zu Zeiten der Kaiserin Wu: Es ist nicht bequem, Kaiserin zu sein, aber es ist ungeheuer aufregend.

Geheimnisvolle Wirkungen

Dieses Buch enthält viele Tipps und Rezepte aus alter Zeit. Dennoch ist es kein Ratgeber, es wirkt von selbst beim Lesen. Die kaiserliche Leserin lehnt sich zurück, öffnet die Augen und schaut.

Das Wesentliche gilt ein Leben lang, sagt Sun Simiao an einer Stelle zur Kaiserin. Das Wesentliche bleibt. So behalten echte Weisheiten auch ihre Wahrheit und ihre Gültigkeit. Über mehr als tausend Jahre. Die Geheimnisse, die der Kaiserin Wu den Weg von der Konkubine zur Kaiserin ebneten, werden auch heutigen Frauen helfen, den Weg der Kaiserin zu gehen. Die kaiserliche Leserin wird erfahren, wie die Geheimnisse zu erlangen und zu nutzen sind.

Wort für Wort, Satz für Satz werden die alten Weisheiten wirken und in die kaiserliche Leserin hineinfließen.

Dieses Buch stärkt die Kaiserin in jeder Frau. Das wird nicht immer ohne Nebenwirkung gehen. Das Leben der kaiserlichen Leserin kann sich ändern. Vielleicht merkt sie, je mehr sie liest und schaut, desto kompromissloser, desto kaiserlicher wird sie. Es ist nicht vorauszusehen, wie weit dies geht. Vielleicht betrifft es ihren Liebhaber, ihren Wohnort, vielleicht ihre Arbeit oder ihre Ehe. Jede Kaiserin geht ihren eigenen, individuellen Weg, den nur sie selbst kennt.

Nach dem Lesen dieses Buches wird vieles anders sein. Es kann durchaus sein, dass nichts bleibt, wie es war.

Grundlagen

Damit dieses Buch seine ganze Wirkung entfalten kann, ist es hilfreich, wenn die Leserin sich auf das Weltbild der Daoisten (alte Schreibung: Taoisten) einlässt. Die Lehre der Daoisten ist uns nicht fremd, denn sie sagt, dass alle Wahrheit und alle Weisheit bereits in uns liegen. Es kommt darauf an, das Unergründliche in jeder Einzelnen wirken zu lassen, und Weisheit und Macht werden sich realisieren. Je weniger wir dazutun und je weniger wir uns einmischen, umso mehr werden wir eins mit dem Unergründlichen. Lao Zi, der Autor des Dao De Jing*, hat das Unergründliche auch als das Weibliche, den Mutterschoß aller Dinge beschrieben.

---

* bekanntere, aber überholte Schreibweise: Lao Tse und Tao Te King

Für die Daoisten waren die Frauen unmittelbarer mit den geheimnisvollen Mechanismen des Lebens verbunden als die Männer und sie ehrten sie dafür. Kam doch aus ihnen das Leben hervor. In späteren, frauenfeindlicheren Zeiten haben die Gelehrten Chinas immer wieder vor der Macht der Frauen gewarnt, die, einmal entfesselt, schier unüberwindbar sei.

Dieses Buch benutzt die Lehren der Daoisten, um heutigen Frauen zu helfen, diese Kräfte zu entfesseln.

Essenz und Geist

Alle Lebewesen erhalten bei ihrer Zeugung alles, um vollkommen zu sein. Dieser Same, das Wesentliche in seiner konzentrierten und stofflichen Form, wird Essenz (Jing) genannt. Im Laufe eines Lebens entfaltet sich die Essenz immer mehr, wobei sie ganz zu Geist wird, gelegentlich, bei unachtsamer Lebensführung, aber auch einfach sinnlos verströmt. Wenn alle vorhandene Essenz zu Geist geworden ist, gilt ein Leben als vollendet.

Ein Teil der Essenz wird bei der sexuellen Begegnung von Mann und Frau ausgetauscht und verfeinert. Durch die Verfeinerung und Intensivierung der Essenz kann ein neues und komplettes Wesen entstehen. Verstehen die Partner, oder einer davon, sich auf die Magie der Sexualität, kann sie oder er die verfeinerte Essenz auch für sich selbst nutzen und so im Laufe vieler sexueller Begegnungen große Kräfte ansammeln. Dies ist nicht leicht. Voraussetzung dafür sind ein sehr klarer und kühler Geist und Erfahrung in der Meditation.

Ein erhitzter Geist lässt die Essenz sinnlos verströmen. In diesem Fall verlieren die Partner in der sexuellen Begegnung Essenz und gewinnen nichts. Da Frauen unmittelbaren Zugang zu den geheimnisvollen Mechanismen des Lebens besitzen, gelingt es ihnen eher, mit gestärkter Essenz aus einer sexuellen Begegnung hervorzugehen. Vorausgesetzt, sie verlieren dabei nicht den Kopf.

Qi

Im Laufe eines Lebens entfaltet sich die Essenz immer mehr, wobei sie ganz zu Geist wird. Alle Funktionen und Bewegungen, die zwischen diesen zwei Polen stattfinden, werden auch als Qi (sprich: Tschi) bezeichnet. Essenz, Geist und Qi machen alles aus, was es gibt. Sie werden als die »drei Schätze« bezeichnet.
Das Qi eines Menschen kann durch Nahrung, Atmung und Meditation vermehrt, gekräftigt und reguliert werden. Geschieht dies nicht oder nicht rechtzeitig, wird vermehrt Essenz verbraucht, der Mensch lebt buchstäblich von der Substanz. Die Schwächung der Essenz führt oft zu einem trügerischen Gefühl der Leichtigkeit und Stofflosigkeit, weshalb das Fasten für manche Menschen geradezu eine Sucht werden kann. In der daoistischen Lehre ist Fasten daher kein Weg für Anfänger, die es nicht verstehen, ihr Qi ohne Nahrung zu nähren.
Solange das Qi ungestört und frei fließen kann, herrscht Harmonie und Gesundheit. Wird der Fluss des Qi aufgehalten, kommt es zu Wind, Stürmen und anderen Naturkatastrophen und im Körper des Menschen zu Schmer-

zen, Krämpfen und, direkt oder indirekt, den meisten anderen Krankheiten. Daher versuchen chinesische Ärzte den Fluss des Qi in Bewegung zu halten. Zum Beispiel mit Nadeln in der Akupunktur. Daneben gibt es unzählige andere Methoden wie Tal Ji Quan, Atmung, Meditation oder Massage. Der Überbegriff für alle Techniken, auf den Fluss des Qi im Menschen einzuwirken, wird als Qi Gong (sprich: Tschi Gung), »Arbeit mit dem Qi«, bezeichnet. (Außerhalb des Menschen wird der Fluss des Qi zum Beispiel von Feng-Shui-Expertinnen und -Experten analysiert und beeinflusst.)

Yin und Yang

Im Laufe eines Lebens entfaltet sich die Essenz immer mehr, wobei sie ganz zu Geist wird. Die Essenz, die angeborene Substanz jedes Menschen, sollte gut bewahrt werden, so dass sie sich gemächlich und ohne Überhitzung entfalten kann. Das Bewahren, Kühlen und Zusammenhalten wird Yin genannt. Das Entfalten, Erhitzen und Verströmen wird Yang genannt.
Frauen sind, zumindest bis zu den Wechseljahren, vor allem vom Yin geleitet. Daher fällt ihnen das Bewahren und Kühlbleiben oft leichter als den Yang-regierten Männern. Andererseits fällt es Frauen oft schwerer, aus sich herauszugehen und ihren Willen durchzusetzen. Yin und Yang einer Frau machen zyklische Veränderungen, vergleichbar Ebbe und Flut, durch. Daher ist es für Kaiserinnen vor allem wichtig zu lernen, wie sie die zyklischen Veränderungen ihres Körpers nutzen können, ihr Yang,

ihre Durchsetzungskraft und ihre aggressiven Potentiale, gezielt einzusetzen. Es kann aber auch wichtig sein, in gewissen Phasen des Lebens das Yin zu stärken, in sich zu gehen und die angeborenen Kräfte davor zu bewahren, sinnlos zu verströmen.

Die fünf Wandlungsphasen oder Elemente

Im Laufe eines Lebens entfaltet sich die Essenz immer mehr, wobei sie ganz zu Geist wird. Dabei durchläuft sie wieder und wieder einen Zyklus von fünf Phasen. Die fünf Wandlungsphasen sind Wasser, Holz, Feuer, Metall und Erde.

Wasser – das Festhalten

Durch Yin wird die Essenz festgehalten und bewahrt. So bleiben die Erbanlagen unveränderlich über die Generationen erhalten. So bleiben die Knochen und Haare fest, sogar noch nach dem Tod. So bewahren wir Erlebtes und Erlerntes im Gedächtnis auf. So hält der Körper, selbst im Schlaf, Urin und Stuhl, Scheidenflüssigkeit und Schweiß fest.
Dieses Festhalten wird auch als der Zustand des Wassers bezeichnet. Wasser sammelt sich in der Tiefe. In der Natur entspricht dies dem Winter, wenn die Samen unter der Erde schlummern und alles Leben scheinbar erstarrt ist.

Holz – das Aktivieren

Erwacht das Yang im Frühling, so schmilzt das Eis. Die Essenz strebt nun aus der Erde ans Licht. Die Pflanzen treiben Knospen, und die Tiere gehen auf die Balz. Das

Auge schweift umher nach Dingen, die es für erstrebenswert hält – inneren und äußeren. Phantasien gehen bis zum Himmel und können sich dort verlieren. Es können aber auch sehr konkrete Pläne geschmiedet werden oder wenn alles nicht so glatt läuft, kann ein heftiger Wutausbruch die Folge sein.

Dieses Ausbreiten und Ausschweifen wird als der Zustand des Holzes bezeichnet. Holz wächst und breitet sich aus. Seine Richtung ist von unten nach oben, von innen nach außen. Es ist eine Yang-Bewegung.

Feuer – der Geist

Hat die Essenz sich ganz entfaltet, erreicht sie den Zustand des reinen Geistes. Dies ist ein hitziger und flüchtiger Zustand, der kaum eine Ausdehnung in der Zeit hat, sondern nur kurz aufflackert. Beispiele davon sind das Lachen, die Liebe, der Orgasmus und die Vollendung im Augenblick des Todes. In der Natur entspricht dies dem kurzen Moment im Sommer, wenn eine Pflanze ganz erblüht. Hat das Yang im Feuer seine Vollendung erfahren, geht die Bewegung zurück ins Yin.

In der Natur folgt auf das völlige Aufblühen im Sommer das herbstliche Verwelken. Verharrt ein Wesen im Zustand des Feuers, wird es vor der Zeit vergehen.

Metall – das Zurückführen

Die Hitze des Sommers kann nicht lange andauern, sonst vertrocknet alles. Daher folgt in der Natur auf den Moment des Sommers der Zustand des Herbstes. Auf einen Moment der reinen Liebe folgt unweigerlich die Ernüchterung. Dies ist traurig, aber lebensnotwendig. Gelingt die Umkehr nicht, verströmt die Essenz sich vor der Zeit. Daher muss ein Mensch Grenzen setzen und sagen, bis hierher und nicht weiter.

Dieses Zurückführen und Abkühlen wird als der Zustand des Metalls bezeichnet. Metall reflektiert und trennt. Seine Richtung ist von oben nach unten, von außen nach innen. Es ist eine Yin-Bewegung zurück in die Tiefe.

Erde – Reife und Stoffwechsel
Damit die heftigen Wandlungen mit Bedacht und in Ruhe erfolgen, gibt es einen Zwischenzustand, der der Ernährung und der Besonnenheit gewidmet ist. Dieser Zustand sollte in allen Lebenssituationen immer wieder angestrebt werden. Nach dem Motto: Essen und Trinken hält Leib und Seele zusammen. Genauso wichtig wie Essen und Trinken sind Nachdenken, Verharren, Schweigen und Meditation. All dies wird Erde oder auch Mitte genannt. Durch die Erde, Nahrung und Meditation werden alle lebendigen Wesen mit Qi versorgt. Qi ist Energie und Substanz in einem. Qi ist es, wodurch der Übergang zwischen allen Phasen seine Kraft erhält. Ohne Qi erlöschen alle Lebensfunktionen.

Für das Kind übernimmt die Mutter die Funktion der Erde – zunächst über die Plazenta, dann über die Muttermilch und über die gleich bleibende und ruhige Liebe, die sie dem Kind zusammen mit der Nahrung gibt. Im Laufe seiner Entwicklung muss das Kind lernen, diese Funktion selbst zu übernehmen. Dies ist nicht immer leicht, und wir werden sehen, dass das bewusste Anstreben eines Erdezustandes, auch »Ernährung der Erde« genannt, in vielen Situationen fundamental ist.

Die Erde ist der Zustand der Weisheit, der Weg der Mitte, halb Yin und halb Yang. Wer zu sehr in diesem Zustand verharrt, wird träge und dumpf. Wer diesen Zustand nicht regelmäßig anstrebt, wird zu einem ausgelaugten Nervenbündel.
Im Jahreszyklus wird die Erde am häufigsten mit dem Zustand des Spätsommers, der Zeit, in der die Feldfrüchte reifen und alles ruhig, üppig und mild erscheint, gleichgesetzt.

Weitere Informationen unter: **www.weg-der-kaiserin.de** und **www.Zinnoberfluss.de**

1

Die Weissagung, früherer Himmel, vom Reifenlassen
Niere – angeborene Essenz

Im Jahre 694* kommt Wu Zhao in Sichuan zur Welt. Ihre Mutter nährt und umsorgt sie großzügig. Ihr Vater gibt ihr ein Dach über dem Kopf und beide lassen sie in Ruhe. So vergehen die ersten Jahre im Leben der späteren Kaiserin von China, ganz wie im Wort des Weisen Lao Zi, das da lautet:

> *Wer von seiner angeborenen Begabung erfüllt ist,*
> *gleicht dem neugeborenen Kinde,*
> *Wespen und Schlangen stechen es nicht,*
> *wilde Tiere reißen es nicht,*
> *Raubvögel ergreifen es nicht.*
> *Weiche Knochen, zarte Muskeln,*
> *aber welch fester Griff.*
> *Das Kind weiß nicht von der Vereinigung*
> *der Geschlechter,*
> *doch seine sexuelle Kraft ist stark.*
> *Dies ist die Vollendung der Essenz.*
> *Es kann von morgens bis abends schreien*
> *und wird doch nicht heiser:*
> *Dies ist die Vollendung der Harmonie.*

---

* nach anderen Überlieferungen im Jahr 627

Eines Tages kommt ein Astrologe in das Dorf. Wu Zhaos Vater, ein Holzhändler, bittet den Sternenkundler um eine Prophezeiung für seine Geschäfte. Doch der Astrologe schaut Wu Zhao in den Armen der Amme. Klein ist sie, kaum drei Jahre alt.
»Dieses Kind sieht einzigartig und selten aus«, spricht er. »Man kann es nicht begreifen.« Dann, als die Amme es laufen lässt, staunt der Weise noch mehr. »Dieses Kind hat die Haltung eines Drachen und den Hals eines Phönix. Dies sind Kennzeichen einer hervorragenden Person. Wenn es ein Mädchen ist, wird es einmal Herrscherin des Reiches sein.«
Da lacht der Vater herablassend und zitiert aus dem Buch der Lieder:
»Ein kluger Mann baut starke Dämme. Eine kluge Frau reißt sie ein. Schön ist die kluge Frau, aber ihr Herz ist so grausam wie das der Eule. Frauen mit langen Zungen sind Verkünderinnen des Unheils. Verderben wird nicht vom Himmel gesandt. Es kommt von den Frauen.« So zitiert Wus Vater und wendet sich ab.
Doch die Mutter bewahrt die Prophezeiung im Herzen und behandelt die kleine Kaiserin mit allem Respekt, der ihr gebührt.

Gelassen wirkt das Unergründliche

Es gibt die Geschichte von einem berühmten chinesischen Gärtner. Als er gefragt wurde, warum unter seinen Händen alle Dinge so gut wachsen, antwortete der alte Gärtner: »Ich pflanze den Baum und dann lasse ich ihn in Ruhe. Das ist das ganze Geheimnis.«

Je ungestörter sich etwas Zartes, ob es nun eine junge Pflanze oder ein Kind ist, entwickeln kann, umso kräftiger wird es wachsen, umso mehr wird sich in ihm von dem verwirklichen, was von Natur aus angelegt ist – ausreichende Nahrung und Schutz vor rauen Winden vorausgesetzt.
Die Weisheit des Nichteingreifens in die geheimnisvollen Mechanismen des Unergründlichen, des Dao (alte Schreibweise: Tao), wird Wu Wei genannt.
Aus dem Unergründlichen steigt das Leben auf, erhalten wird es durch die Urkraft des Lebens, die Essenz. Was sich zu Beginn ungestört entfalten und entwickeln darf, wird auch später stabil und kraftvoll sein. Weise Menschen greifen nicht ein. Sie vertrauen dem Unergründlichen, dem Dao. Das Dao wurde auch mit dem dunklen und mysteriösen Mutterschoß, dem Quell alles Lebendigen, verglichen. Von hier treten die Dinge von selbst ins Licht, frei und ohne Eingriff von außen.
So handelte auch die Mutter von Wu Zhao. Als sie wusste, dass sie ein Kind erwartete, bereitete sie sich darauf vor, ein Gefäß zu sein, für ein neues Wesen. Sie achtete darauf, sich nicht mit unedlen und vulgären Menschen zu umgeben, und suchte die edlen. Sie hütete sich davor, in Aufregung zu geraten, und wählte erlesene Speisen für sich und das Kind. Wusste sie doch: Wer die Mutter stärkt, stärkt auch das Kind.
Viele Menschen meinen, sie müssten ihr Kind ständig fördern und anregen. Das beginnt schon in der Schwangerschaft. Werdende Mütter halten ständig Zwiesprache mit ihrem Kind oder schulen sein Gehör durch Mozart oder Sprachkassetten. Ist das Kind auf der Welt, geht der Stress

erst richtig los. Das Spielzeug ist nicht zum Spielen da, sondern soll Farbsinn, Formsinn und Geschicklichkeit entwickeln. Neben frühkindlicher Musikerziehung, Ballettstunden und Sportunterricht meinen manche Eltern mit Bilderbüchern auch noch das frühzeitige Erlernen einer Fremdsprache fördern zu müssen. Sie übersehen dabei das Allerwichtigste: dem Kind ein Gefühl für sich selbst und vor allem Sicherheit zu vermitteln. Sie meinen, sie müssten das Kind in eine bestimmte Richtung (er-)ziehen, statt es einfach in Ruhe zu lassen, zu nähren und ihm die Möglichkeit zu geben, auf seine eigene Weise am Leben teilzunehmen.

Was passiert energetisch

Früherer Himmel – vor der Geburt: Aus dem Chaos entstehen die zehntausend Dinge

Das, was von einem Menschen übrig bleibt, wenn alle Konventionen, alle Masken und Verkleidungen abgelegt werden, das Wesentliche eines Menschen, wird Essenz genannt. Sie ist die Quelle aller Lebensprozesse, die Wurzel von Geist und Körper und die Basis der sexuellen Kraft. Im Laufe eines Lebens wird sie, schneller oder langsamer, aufgebraucht. Wenn alle Essenz verbraucht ist, stirbt der Mensch. Daher muss die Essenz während des ganzen Lebens gehütet werden.

Die Essenz lässt sich nach der Geburt nicht mehr verändern. Wohl aber kann sie unterschiedlich gut geschützt, genutzt oder vergeudet werden. Wie dies geschieht, lehrt die chinesische Medizin. Die chinesische Medizin spricht statt von Essenz auch von Ursprungsenergie, von Nierenenergie, von der Quelle und von der Wurzel des früheren Himmels. Gemeint ist immer die Essenz.

Die Essenz stammt von den Vorfahren. Während der sexuellen Erregung der Eltern entstehen aus den feinsten Teilen der elterlichen Essenz die heißen Dämpfe, die sich in einem alchimistischen Prozess zum Chaos, dem ungeformten Zustand, vereinigen. Der ungeformte Zustand polarisiert sich in Yin und Yang. Dunkel und hell. Kalt und heiß. Materie und Energie. Körper und Geist. Im Spannungsfeld zwischen den beiden Polen Yin und Yang entstehen aus dem Chaos die zehntausend Dinge. Im Laufe von zehn Monden wird die Essenz vollendet. Dabei formen sich alle Aspekte des Kindes. Solange die zukünftige Kaiserin im »Palast des Kindes« – dem Uterus – residiert, wird sie vom mütterlichen Blut genährt.
Die Vollendung der Essenz verläuft nach geheimnisvollen inneren Regeln, so wie sich Kristalle in einer Lösung herausbilden. Je weniger das Gefäß erschüttert wird, umso größer und perfekter werden die Kristalle: Optimal entwickelt sich das Kind, wenn es seine Ruhe hat.
Eine werdende Mutter darf nicht geärgert werden und tut gut daran, sich jede Einmischung zu verbitten! Die Mutter einer zukünftigen Kaiserin wird daher nicht nur ungesunde Nahrung, Lärm und Stress vermeiden, sondern vor allem auch den Umgang mit vulgären und dummen Menschen. Wo eine Konfrontation unvermeidlich ist, darf die Mutter sich innerlich nicht davon berühren lassen. Die Essenz einer Kaiserin formt sich in Ruhe.

Späterer Himmel – nach der Geburt: Die Kaiserin findet ihre Mitte

Sobald das Kind atmet, beginnt der spätere Himmel. Die Essenz ist vollendet. Das Kind erhält nun kein mütterliches Blut mehr. Um seine materielle und energetische Basis weiter zu stärken, muss es sich auf seinen eigenen Stoffwechsel stützen. Die entsprechenden Organe sind Mund, Magen und Milz. Die Chinesen sprechen von der harmonisierenden und nährenden Funktion der Erde, wenn sie den Stoffwechsel meinen. Die Erde ist dafür zuständig, alle aufgenommenen Dinge zu assimilieren und zu einem Teil des Kindes zu machen.
Ist die Erde stark, ist die Harmonie vollendet. Ein solches Kind kann, trotz vielfältiger Einflüsse und Wahrnehmungen, harmonisch in sich selbst ruhen und wird wachsen und gedeihen. Daher heißt es: Die Erde ist die Wurzel des späteren Himmels.

Nach der Geburt sind alle Eigenschaften angelegt. Die Essenz ist vollendet, aber noch zart.
Sie muss nun geschützt werden und eine materielle Basis erhalten. Das Kind wächst. Die materielle Basis entsteht nur nach und nach. Zu Beginn ist die harmonisierende und assimilierende Erde noch sehr schwach. Das Kind kann nur wenige fremde Einflüsse auf einmal verdauen und besitzt wenig Widerstandskräfte gegen Umweltaggressionen. Große Kälte, Hitze oder Wind, genau wie jeder elterliche Kontrollversuch, werden das Kind daher stark und unwiderruflich verletzen. Daher braucht das Kind Schutz.

Um nach und nach eigene Widerstandsfähigkeit zu entwickeln – die chinesische Medizin spricht von Metall –, ist das Kind auf kontinuierlichen Zufluss von leicht verdaulicher Nahrung, Wärme, Luft und Liebe angewiesen. Kontinuität ist wichtig, denn die schwache Erde kann noch nicht zwischen Zeiten des Überflusses und des Mangels vermitteln. Jede Unterbrechung in der Zufuhr von Nahrung, Wärme und Liebe schwächt das Kind. Je stärker und vitaler ein Kind ist, desto mehr wird es sich gegen diese Schwächung wehren und wird schreien. Ein schreiendes Kind spielt nach chinesischen Vorstellungen keine »Machtspielchen«, es kämpft um sein Leben. Deshalb sind die Chinesen der Meinung, dass man ein Kind niemals schreien lassen darf.

Die Kindheit ist eine gefährliche Zeit für die Essenz. In dieser Zeit wird das zarte Wesen durch übermäßige Einflussnahme leicht zerstört, und das kleine Mädchen vergisst, dass es als Kaiserin auf die Welt gekommen ist.

Wenn aber das Kind in Ruhe gelassen, genährt und geliebt wird und seine Wünsche und Vorlieben respektiert werden, dann wächst die Kaiserin von selbst heran.

Wenn die Eltern ihr Kind wirklich lieben und auch die innere Kaiserin ihres Kindes schätzen, wissen sie, eine Kaiserin wird frei geboren. Sie bringt alles mit und ist vollkommen, wenn sie auf die Welt kommt. Sie werden sie nicht erziehen, in eine Richtung ziehen wie einen kunstvoll getrimmten und beschnittenen Baum. Welch trauriger Anblick ist eine Buchenhecke im Vergleich zu einer großen frei stehenden Buche. Das genau ist der Unterschied zwischen einer Kaiserin und einer Nichtkaiserin. Damit ein Bäumchen sich ganz entfalten kann, braucht es

Erde, Wasser, Sonnenlicht und Schutz vor Sturm und Beschädigung. Für eine junge Kaiserin gilt das Gleiche. Sie braucht respektvollen Freiraum, gute Nahrung und liebevolle Wahrnehmung durch andere Menschen. Fehlt eines dieser drei Dinge, kann sie sich nicht völlig entfalten.
In der chinesischen Bildersprache der fünf Wandlungsphasen – Wasser, Holz, Feuer, Erde und Metall (auch Elemente genannt) – braucht das Kind vor allem die folgenden drei Dinge:

Feuer – Sonne, Liebe

Die Essenz des Kindes ist von sich aus statisch und im Verborgenen. Damit alle angelegten Eigenschaften ans Licht treten können, muss sie aktiviert werden. Bei den Pflanzen sind es Wärme und Sonnenlicht, die die kleinen Keimlinge hervorlocken. Bei den Menschen ist es die Liebe. Fehlt dem Kind die Liebe, wird es bald verkümmern. Liebe sollte strahlen wie die Sonne – auf helle und dunkle Seiten gleichermaßen –, ganz ohne Bewertung. Jedes Blättchen einer Pflanze ist wichtig. Wenn Liebe nur als Belohnung für besonders dekorative Blüten zugeteilt wird, lernt das Kind, dass nur gewisse Seiten an ihm liebenswert sind, und lässt alle anderen Eigenschaften verkümmern. Es wird liebeshungrig, süchtig nach Anerkennung, eitel, manipulierbar und unsicher. Es wird sein ganzes Leben nach etwas suchen, das es nie finden wird.

Erde – Nahrung und Wasser

Fehlt dem Kind die gute Nahrung, wird es schwächlich, körperlich und psychisch. Es entwickelt keine Basis und Stabilität. Zur Nahrung gehört auch geistige Nahrung. Beide, körperliche wie geistige Nahrung, sollten geschmackvoll und abwechslungsreich sein. Doch genauso wie eine Pflanze nicht überdüngt werden sollte, sollte ein Kind nicht voll gestopft werden. Weder mit Vitaminen noch mit Informationen. Überfütterung führt zu Überdruss, Verwirrung, Verschlackung und »Schleim« (siehe unten).

Metall – Schutz und Respekt

Fehlt dem Kind der Respekt und der geschützte Freiraum, macht es zum eigenen Schutz »dicht«, wird abweisend und verschlossen und neigt nach chinesischer Vorstellung später zu Kontaktproblemen oder Problemen mit der Lunge oder der Haut. Gleichzeitig wird es mit sich selbst sehr streng sein, sich zu Extremen treiben, die Gefahr suchen oder sich möglicherweise gar selbst zerstören.
Zum Respekt gehört auch, dem Kind zuzutrauen, dass es selbst auswählen kann, und ihm Leere und Muße zu erlauben, wenn es diese möchte. Ein Kind muss nicht ständig angeregt werden. Es ist von Natur aus ohnehin neugierig.

Exkurs: die Equipment-Mutter

Einige Frauen meinen, sie gewinnen an Wert, weil sie ein Kind haben. Sie heischen überall nach Aufmerksamkeit und Beachtung. Den riesigen Kinderwagen schieben sie wie einen Rammbock durch die Menge oder stellen ihn so ungeschickt ab, dass keiner mehr vorbeikommt. Wenn manche Frauen mit einem Kleinkind zu Besuch kommen, hat man das Gefühl, sie wollten einziehen. Taschen, Windeln, Ersatzkleidung, diverse Reinigungsmittel und Cremes, eventuell sogar ein Reisebett, weil das Kleine nur darin einschlafen kann, ein ausführliches Sortiment von Gläschen sowie Gerätschaften, um dieselben zu erwärmen. Die Wohnung verwandelt sich in kurzer Zeit in eine Kinderpflegeanstalt, obwohl nur ein Nachmittagsbesuch verabredet war. Die Gastgeberin hat nicht viel von dem Besuch, denn es gibt genaue Vorschriften und Anweisungen, die von der Mutter streng eingehalten werden und ihre ganze Aufmerksamkeit erfordern. Sie macht aus der Liebesbeziehung zwischen Mutter und Kind einen Beruf – getrieben von heimlichem Machthunger, Geltungsdrang und Selbstzweifeln.

Diese Mütter versäumen keinen Vorsorgetermin und lesen alle Ratgeber, die es gibt. Was ihnen früher die weiblichen Verwandten und die angeborene Intuition sagten, wird durch wissenschaftliche Studien und männliche Autoritäten ersetzt. Milchpumpe, Babyfon, Gläschenwärmer, Schnuller, Babywippe, Babytrainer – eine ganze Industrie lebt von diesem Babyequipmentwahn.

Das tut die Kaiserin

Früherer Himmel

Die Kaiserin behält und behütet ihre Essenz durch die verschiedenen Lebensalter. Sie hält das ganze Leben über den Kontakt zum Ursprung, zu ihrer Essenz und zu den Ahnen. Wenn sie sich entschließt, ihre Essenz weiterzugeben, indem sie ein Kind zur Welt bringt, unterstützt sie die kleine Kaiserin, ebenfalls ihre Essenz zu bewahren.

Die Kaiserin kennt die chinesische Weisheit: Wer das Kind stärken will, muss die Mutter stärken. Durch Schwangerschaft, Geburt und Stillen wird die Mitte, die Erde der Mutter, maximal belastet. Sie merkt das daran, dass sie auf kleine Einflüsse sehr sensibel reagiert oder ängstlich und beeinflussbar wird. Darüber hinaus sind viele Beschwerden der Schwangerschaft, wie Erbrechen und Wassereinlagerungen, Zeichen einer schwachen Mitte. Darum stärkt sie ihre Mitte. (Vergleiche auch Kapitel 7.)

Die Kaiserin bevorzugt frische und Qi-reiche Nahrung wie Getreide, Kartoffeln, Süßkartoffeln, Nudeln und Reis.

Die Kaiserin vermeidet Erschütterungen. Sie hütet sich vor emotionaler Aufregung, mit Sicherheit sieht sie sich keine brutalen Kinofilme an, am besten vermeidet sie auch das Fernsehen ganz. Genauso meidet sie Auseinandersetzungen mit vulgären Menschen und sinnloses Herumgezanke; notfalls verlässt sie den Raum und macht die Tür hinter sich zu. In ihren eigenen vier Wänden schafft sie sich einen geschützten und harmonischen Raum.

Späterer Himmel

Das Feuer schüren – Liebe, Aufmerksamkeit

Kinder, die ständig um Aufmerksamkeit betteln, reagieren in Wahrheit darauf, dass die Eltern und andere Erwachsene ihnen nicht mit Achtung und Respekt begegnen und nicht wirklich auf ihrer Seite stehen. Sie fühlen sich tief in ihrer Seele missachtet, auch wenn sie ständig umsorgt werden. Auf Mangel an Respekt und Wertschätzung reagieren auch kleine Kaiserinnen mit Misstrauen und Zorn. Sie werden zu Quälgeistern – und natürlich noch mehr missachtet beziehungsweise mit Bestechungen ruhig gestellt.

Die Kaiserin verwöhnt und nährt ihr Kind, so wie das Kind es will. Die junge Kaiserin bekommt das Echte, bekommt Aufmerksamkeit und Liebe, nicht irgendeinen Ersatz. Die Kaiserin behandelt ihr Kind mit Respekt und nimmt seine Sorgen und Nöte ernst. Je mehr die junge Kaiserin merkt, dass sie mit Wertschätzung und Liebe behandelt wird, umso mehr wird sie an sich glauben und dadurch ganz von selbst auch anderen edlen Menschen Respekt und Liebe entgegenbringen. Eltern, die finden, ihre Kinder seien respektlos, verwöhnt oder »ungezogen«, sollten sich zwei Fragen stellen: Habe ich selbst mein Kind immer respektiert und bedingungslos geliebt? Und bin ich selbst edel genug, um den Respekt einer jungen Kaiserin erwarten zu dürfen?

Die Erde stärken – Nahrung

Wer die Mutter stärkt, stärkt auch das Kind. Die kaiserliche Mutter isst mit Genuss. Die kleine Kaiserin isst mit.

Sie bekommt frische, gesunde Nahrung. Nachdem sie abgestillt ist, isst sie, wie eine erwachsene Kaiserin auch, Nahrung, die die Mitte stärkt. Dabei bevorzugt sie, genauso wie ihre Mutter, frische und Qi-reiche Nahrung wie Getreide, Kartoffeln, Süßkartoffeln, Nudeln und Reis.
Reizüberflutung überfordert die assimilierende Funktion der Mitte. Es entstehen trübe Substanzen. Die chinesische Medizin spricht von Schleim. Schleim äußert sich als Verwirrung, unklares Denken und in Form von Verdauungsstörungen. Nimmt Schleim überhand, läuft er den Kindern buchstäblich zur Nase und zu den Ohren wieder heraus. Daher sollte eine kleine Kaiserin die einzelnen Lebensmittel und Geschmacksrichtungen nach und nach kennen lernen und nicht vorzeitig durch zu große Vielfalt verwirrt und verschleimt werden. Sie beginnt mit dem Einfachen und tastet sich langsam vor. Wie schnell das geht, hängt davon ab, wie stark ihre Erde im jeweiligen Moment ist. Dies wiederum hängt zum einen davon ab, wie gut die Mutter in der Schwangerschaft ihre eigene Mitte genährt hat, zum anderen, ob die kleine Kaiserin glücklich und zufrieden ist oder ob sie durch andere Einflüsse gerade überfordert wird. Da die ganze Welt zugleich auf sie einströmt, können vielerlei Faktoren die kleine Kaiserin beschäftigen. Je mehr ihre Erde durch Lernen oder anderweitige Aufregung gefordert ist, umso einfacher und »erdiger« sollte die Nahrung zu dieser Zeit sein. Neue Nahrungsmittel sollten in Ruhe und mit Genuss »gelernt« werden. Die kleine Kaiserin schaut sich dies von ihrer Umwelt ab.
Damit sich die Kaiserin später auf ihre Intuition, auf ihre eigene Stimme und ihren Verstand verlassen kann, muss

sie als Kind die Chance haben, diese Fähigkeiten zu entwickeln. Das Potential ist vorhanden und entwickelt sich von selbst, wenn man es lässt. Dafür muss die kleine Kaiserin selbst wählen und entscheiden. Das heißt, sie muss in sicherer Umgebung selbst ausprobieren dürfen, riechen schmecken, anfassen – und was sie nicht mag, zurückweisen. Eine junge Kaiserin folgt ihren Vorlieben.
Die junge Kaiserin wird nicht mit schmierigen Substanzen, Fertigbrei und Gläschenkost in aller Eile voll gestopft. Die Kaiserin lässt sich nicht abspeisen!

Das Metall schützen – Schutz, Respekt

Die Essenz eines Kindes vollendet sich unabhängig von den Wünschen und Illusionen der Eltern. Alles, was das Kind ausmacht, ist bereits vor der Geburt vorhanden. Manches davon ist den Eltern fremd, unverständlich oder missfällt ihnen gar. Doch aus einer Buche kann auch durch noch so viel Beschneiden und kunstvolles Düngen keine Rose werden – wohl aber der Bestandteil einer Buchenhecke.

Auch ein ganz kleines Kind muss Dinge tun dürfen, die die Eltern nicht begreifen oder gutheißen. Zum Beispiel allein sein und träumen oder ungestört und intensiv üben, auf einem Bein zu stehen. Vielleicht möchte es sich einmal richtig schmutzig machen oder aber es möchte genau dies nicht, obwohl es von seinen wohlmeinenden Eltern für eine wunderbar kreative Matschtherapie angemeldet wurde.

Je mehr innere Impulse zugunsten »sinnvollerer« Beschäftigungen unterdrückt werden, je weniger die spezifische Eigenart der kleinen Kaiserin respektiert wird, umso mehr

wird sie sich abkapseln und innerlich zurückziehen. Misstrauen und Vereinsamung können sich dabei hinter einem sozial angepassten Äußeren verstecken. Die kleine Kaiserin geht in die innere Emigration und lebt ihr wahres Leben im Verborgenen.
Die gefährlichsten Manipulationen verbergen sich hinter gefühlsseligem Getue. Mami zuliebe muss das Kind Flöte spielen. Es ist richtig, einem Kind die Welt der Musik zu öffnen, hineingehen muss es aber selbst und nicht, »weil Mami sonst ganz traurig ist«. Durch solche Manipulationen lernt das Kind, dass Gefühle und Liebe einen Angriff auf sein Wesen darstellen, und es lernt, sich vor Gefühlen jeder Art in Acht zu nehmen. je mehr es sich nach wahrer Liebe und Achtung sehnt, umso mehr wird es dichtmachen, sobald es ihm zu »heiß« wird. Es wird zum Metallmenschen. (Vergleiche Kapitel 8.)

Exkurs: Das tut die junge Kaiserin. Über den Umgang mit Kontroll- oder Metallmüttern

Für eine Tochter ist nichts schlimmer als eine perfekte Mutter. Eine solche Mutter hat sich unter Kontrolle, sie schreit nicht, sie tut nur das Beste für das Kind. Diese Mutter versäumt keine Vorsorgeuntersuchung. Sie weiß Bescheid über Nährwerte und Zusätze in Säuglingsnahrung und kennt sich mit den neuesten Theorien über Erziehung aus. Bei Ratgebern zieht sie solche vor, die lehren, dass Kinder »Grenzen« brauchen. Ihre Zuwendung verteilt sie im vorgeschriebenen Maß.
Die Schulbücher ihrer Kinder sind immer ordentlich ein-

geschlagen und sie versäumt keinen Elternabend, vielleicht ist sie gar Elternsprecherin. Sie engagiert sich. Sollte ihr Kind erkranken – zum Beispiel an Asthma oder Neurodermitis –, erledigt sie auch diese »Aufgabe« mit der üblichen Effizienz. Sie stellt akribische Speisepläne auf und hält diese peinlichst genau ein. Sie gründet Selbsthilfegruppen, übernimmt den Vorsitz und verbreitet ihr zunehmendes Wissen durch Broschüren und übers Internet. Sie hat wenig zu lachen, aber sie zeigt keine Schwäche. Manchmal fragt sie sich, warum ausgerechnet sie mit einem solchen Kind gestraft ist. Andererseits, wie sollte eine weniger effiziente Mutter mit alldem zurechtkommen?
Ist die Tochter älter, schleppt die Mutter sie rechtzeitig zum Gynäkologen und sorgt für eine umfassende Aufklärung. Über Hygiene, ungewollte Schwangerschaft, Aids und Feigwarzen. Eine unregelmäßige Menstruation wird mit Hormonen in Ordnung gebracht, ebenso Pickel. Was immer geschieht, die Mutter regelt alles.
Sie kaschiert ihren Mangel an Liebe so perfekt, dass niemand diesen tiefen Mangel bemerkt, nicht einmal sie selbst.

Die Tochter tut alles, um dieser perfekten Mutter gerecht zu werden. Dies gelingt ihr jedoch nie. Daher fühlt sie sich mit zunehmendem Alter immer erbärmlicher. Entweder ist sie nicht gut in Sport, oder sie ist nicht musikalisch oder nicht hübsch oder intellektuell genug. Zunehmend fühlt sie die Einengung und Kälte, die ihr Leben beherrschen. Gleichzeitig hat sie das Gefühl, undankbar zu sein. Gerade ihre Mutter tut doch anerkanntermaßen alles. So flüchtet die Tochter in ihre eigene Welt, schließt die Tür, lässt

niemanden an sich heran. Vielleicht wird sie melancholisch und depressiv. Dieses Gefühl, nicht gut genug, nicht würdig zu sein, kann ein Leben lang andauern und zu tiefen Depressionen führen. Im späteren Leben wird sie für die kleinste Zuneigung mit zentnerweise Aufopferung bezahlen. Tief in sich hat sie die Überzeugung verankert, dass sie es nicht wert ist, ohne Gegenleistung geliebt zu werden.
Oder die Tochter wird perfektionistisch und fordert sich geradezu übermenschliche Leistungen ab. Die Mutter fühlt sich dadurch in ihren eigenen Anstrengungen bestätigt. Lieben wird sie ihre Tochter jedoch nicht, denn das kann sie nicht.
Doch eine junge Kaiserin ist auch eine Kämpferin. Daher wird sie zu drastischen Mitteln greifen, um die verlorene Kontrolle über ihr Leben wiederzuerlangen. Vielleicht flüchtet sie in eine Welt der Weichheit und des illusionären Scheins und der ewigen Harmonie, die Welt des Alkohols, der Drogen oder der abhängigen Sexualität. Hierher kann ihre Mutter nicht folgen. Diese Welt gehört ihr. Hier ist sie frei. Vielleicht wird sie sterben.
Für die Mutter bricht eine Welt zusammen. Warum passiert das gerade mir, fragt sie wehleidig, wo ich doch alles in die Erziehung reingesteckt habe. Sie gründet eine weitere Selbsthilfegruppe und vertritt in Zukunft die Meinung, dass Drogensucht eine Stoffwechselstörung sei und daher kein Grund zu falscher Scham bestehe. Sie wird aktiv, sie lässt sich nicht hängen, diese Mutter.
Andere Töchter entschließen sich für eine andere Art der Kontrolle. Sie fühlen sich dick und meinen, wenn sie schlanker wären, würden sie sicher geliebt werden. Nach

und nach wird die junge Kaiserin dünner und vielleicht sogar verhalten gelobt für ihre gute Figur. Niemand realisiert, wie wenig sie wirklich isst. Manchmal gar nichts mehr. Nur sie selbst bestimmt nun, was in sie eindringen darf. Sie erlangt die totale Kontrolle in der asketischen Reinheit der Magersucht. Jeder Bissen wird mit zwanghaftem Sport bezahlt. Ihre Mutter hat nur scheinbar die Kontrolle verloren. In Wirklichkeit sitzt sie ihr mit aller Lebensfeindlichkeit, Ablehnung und Freudlosigkeit tief in den Knochen. Vielleicht wird sie sterben.
Für die Mutter bricht eine Welt zusammen. Warum passiert das gerade mir, fragt sie wehleidig, wo ich doch alles in die Erziehung reingesteckt habe. Sie gründet eine weitere Selbsthilfegruppe und vertritt in Zukunft die Meinung, dass Magersucht eine Suchtkrankheit wie jede andere sei und daher kein Grund zu falscher Scham bestehe. Sie wird aktiv, sie lässt sich nicht hängen, diese Mutter.
Eine kluge junge Kaiserin erkennt die Zusammenhänge, schließt mit allen falschen Hoffnungen auf Erlösung und Liebe ab und rennt um ihr Leben – notfalls bis nach Neuguinea. Sie muss dies vor niemandem begründen, und sie braucht sich nicht feige zu fühlen. Schon die alten Chinesen lehrten: »Von den 36 Strategemen ist Flucht das überlegene.«
Eine Kaiserin weiß, dass sie als Kaiserin geboren ist und immer eine Kaiserin sein wird – auch wenn ihre Mutter unfähig ist, sie als solche zu erkennen. Sie muss niemandem etwas beweisen, und sie muss auch nicht perfekt sein. Die Erlösung wird ohnehin nicht von außen kommen. Sie findet die Liebe in sich selbst und, wie der kleine Prinz, vielleicht in einer Rose, vielleicht in allen Dingen.

KAISERINNENSÄTZE

- Die Kaiserin vertraut ihrer Intuition.
- Die Kaiserin ist frei geboren.
- Große und kleine Kaiserinnen erkennen und respektieren einander.
- Die Kaiserin lässt sich nicht abspeisen.

2

Blind vor Liebe
Feuer – Herz – Identität

Wu Zhao ist vierzehn Jahre alt, als sie an den kaiserlichen Hof nach Changan kommt. Prächtig ist der Palast des Tang-Kaisers Tai Zong. Zweiundfünfzig Jahre zählt der große Krieger, seine Söhne, vierzehn an der Zahl, sind von zehn Frauen. Ungezählt die Konkubinen.
Endlich erwählt der Kaiser auch Wu Zhao, das Mädchen aus der Provinz, mit ihm das Spiel von Wolken und Regen zu spielen. Anschließend findet sie keine Ruhe mehr. Ihr Herz und ihre Leber flüstern Tai Zong, wenn sie schlafen geht, und sie flüstern Tai Zong, wenn sie erwacht. Doch der Kaiser wiederholt seine Einladung nicht. Sie ist nur eine kleine wertlose Konkubine aus der Provinz, ungebärdig und störrisch von Charakter. Der Kaiser aber liebt folgsame Frauen.
Wu Zhaos Herz krankt an Liebe. Die Esslust erlischt, ihre Augen werden fiebrig und schlaflos, die Wangen heiß. Die Amme Lao Ma blickt mit Sorge. »Deine Mitte ist schwach. Das Feuer überwältigt die Erde«, spricht sie. »Ordne deine Gedanken. Sprich Mantras.«
»Stärke, Kraft, Weisheit und Schönheit«, so spricht Wu Zhao. Doch ihr Herz und ihre Leber flüstern Tai Zong, Tai Zong. Die Hofdamen tauschen spöttische Blicke. Das Provinzmädchen ist liebeskrank.
Die Amme Lao Ma weiß Rat. Nur der weise Sun Simiao kann helfen. Weitab vom Kaiserhof haust er in den Bergen, inmitten seines Aprikosenhaines. Berühmt ist er und eigensinnig,

behandelt selbst Tiere und spricht ihre Sprache, doch an den Kaiserhof will er nicht.

So reisen Wu Zhao und Lao Ma und tragen Aprikosenkerne, kostbare, aus dem Kaisergarten im Gepäck. Mit ihnen wird der Arzt und Magier bezahlt.

In Sun Simiaos Nähe endlich verstummt das Tai-Zong-Geflüster in Wu Zhaos Gedärmen. Sun Simiao sieht keine feine Hofdame, und er sieht kein dummes Provinzmädchen. Sun Simiao schaut das Antlitz, er schaut die Zunge und tastet den Puls. Er erkennt die Essenz, die, die sie ist, und die, die sie sein wird.

»Wu Zhao«, sagt er, »ich habe schon von dir gehört. Ich werde dein Herz aus der Verwirrung befreien. Der Kaiser ist ein Jäger und seine umherirrende Hun-Seele hat Besitz ergriffen von deinem Inneren. Das geschieht vielen jungen Mädchen. Ihre Essenz ist zart, ihr Herz ist unerfüllt, ihre Mitte ist schwach. Einst, wenn deine Essenz gefestigt ist, wirst auch du eine Jägerin sein und jagen mit der Magie des Blutes. Doch dieser Kaiser ist nicht deine Beute.

Älter und reifer müsste ich sein, denkt Wu Zhao, dann wäre alles leicht. Doch Sun Simiao spricht weiter: »Auch reife Frauen kann die volle Macht einer umherirrenden Hun-Seele treffen, wenn sie ihre Essenz nicht pflegen und ihre Mitte nicht nähren. Schlimm ist es für diese Frauen in der Mitte des Lebens. Denn schickt ein mächtiger Mann seine Hun-Seele auf Reisen, wird die schwache Erde erobert. Der Frau erscheinen Gespenster. Verrückt, heillos verwirrt wird sie und stürzt ihre Sippe ins Unheil.«

Wu Zhao ist entsetzt. Sun Simiao spricht weiter: »Diesen Frauen kann geholfen werden, mit Kräutern, die die Seele auffüllen und die Erde stärken. Für dich, Wu Zhao, ist das

Elixier, das junge Mädchen unter dem Kopfkissen aufbewahren sollten. *Es füllt die Leere des Herzens und nährt die Mitte.*
Einen hohlen Flaschenkürbis überreicht der Magier dem Mädchen. Darinnen Wurzelstücke, getrocknete Früchte und Pflanzenstängel. Würziger, lieblicher und fremder Duft.
Die Amme lehrt Wu Zhao den Sud zu bereiten. Bald lacht Wu Zhao gegen alle Kaiserschwärmerei an. Sie geht zu den Pferden, fragt nicht und reitet den wildesten Hengst. Was ist der Kaiser gegen dieses Pferd, denkt sie. Kaiserin bin ich selbst, in meinem Reich.

Blind vor Liebe

Was haben Frauen nicht schon alles aus Liebe getan? Nicht immer ist Gutes dabei herausgekommen. Genau befragt, können sie kaum sagen, was Liebe eigentlich ist. Irgendetwas Großes, Bedeutungsvolles, das mit einer anderen Person zusammenhängt, die so wunderbar ist, dass die eigene unwichtige und freudlose Realität in einem neuen Licht erscheint.

Beim Verliebtsein ist das Verhältnis zur Realität gestört. Daher verlieben sich viele Frauen, wie sie später selbst sagen, mit Vorliebe in den Falschen. Ihre Hoffnungen werden nicht erfüllt oder der Angebetete benutzt sie nach Belieben zu seinen eigenen Zwecken. Nichts scheint davor zu schützen. Auf die Frage, warum gerade dieser Mann, ist die Antwort des vor Liebe verschleierten Blickes meist, er ist großartig, gut aussehend, geistreich und witzig oder gar der lange gesuchte Seelenpartner. Belanglosigkeiten,

wie die Tatsache, dass er verheiratet ist, sie anlügt, prügelt, kalt lächelnd ihr Geld verprasst oder offen erklärt, dass er von ihr nicht angezogen ist, werden ignoriert. Sein Geruch, seine Stimme, seine Ausstrahlung (die Hun-Seele) blenden so stark, dass es der Frau eher das Herz zerreißt, als dass ihr Verstand eine Chance hätte, dem Wahnsinn ein Ende zu setzen. Das kann so weit gehen, dass sie nur noch schmachtend aus dem Fenster blickt, das Telefon anstarrt, ihn mit sinnlosen Anrufen belästigt oder aber alles tut, was er will, während das Leben an ihr vorübergeht. Kurz – sie verhält sich völlig unkaiserlich.
Mit Abstand betrachtet, wird ihr meist klar, dass er die ganze Aufregung gar nicht wert war. Eine Kaiserin gibt *niemals* die Kontrolle über ihr eigenes Reich auf.

Das passiert energetisch

Blinde Schwärmerei junger Mädchen

Im Herzen wohnt die Shen-Seele – die Identität. Das Herz junger Mädchen, die der schwärmerischen Liebe verfallen, ist leer, so heißt es in China. Sie sind sich ihrer selbst noch nicht bewusst. Ihre Shen-Seele ist noch nicht ausreichend entfaltet, vielleicht weil sie als Kinder nicht genug Selbstvertrauen und Liebe bekommen haben. Durch die Schwärmerei soll das Herz erfüllt werden, aber es passiert genau das Gegenteil. Wenn eine Frau für einen Mann schwärmt, gleichgültig ob er Kaiser, Popstar oder der Junge von nebenan ist, fließt ihm ihre ganze Energie zu. Denn die Energie folgt den Gedanken und den Blicken. So erscheint er immer mächtiger und sie immer bedeutungsloser. Ihr Geist verlässt sie, sie wird schwach und haltlos.

Besessenheit (reiferer Frauen)

In der Mitte, der Erde, wohnt die Gedanken-Seele. Nach der Lehre der Wandlungsphasen tendiert Holz dazu, die Erde anzugreifen. Dies kann nur geschehen, wenn die Erde bereits geschwächt ist und die Frau nicht in ihrer Mitte ruht. Aufgrund ihrer Schwäche erscheint ihr das Leben öde und farblos. Eine tiefe und unbestimmte Sehnsucht (= Holz) nach irgendetwas, das sie selbst nicht kennt, treibt sie an. Gleichzeitig fehlt ihr die Kraft und die Klarsichtigkeit, dieses Etwas zu definieren und selbst zu realisieren. Oft geschieht dies im mittleren Alter, wenn der Lebensweg vorgezeichnet scheint, Routine sich eingeschlichen hat und, nach Jahren voller Arbeit und Fürsorge für andere, die eigenen Energien erschöpft sind. Viel Mühe und wenig Anerkennung höhlen die Frau aus. Sehnsucht nach etwas Unbestimmtem kommt auf. Diese Frauen sind die ideale Beute für Männer mit einer starken Leberenergie. Solche Männer sind oft kreativ und redegewandt, häufig Künstler oder Musiker, sie reisen viel und verstehen es hervorragend, sich ins rechte Licht zu rücken. Die Hun-Seele dieser Männer, ihre expansive Leberenergie, die sich in Ideen und Phantasien äußert, geht auf Wanderschaft und verwüstet die Mitte, die Erde der Frau (die Gedanken-Seele wird geschwächt). Das kann so weit gehen, dass der ganze Alltagsablauf der Frau durcheinander gerät. Statt zu arbeiten, denkt und schaut sie, was er gerade tut. Ursprüngliche Lebensinhalte verlieren an Bedeutung. Ihre Ruhe und Ausgeglichenheit sind dahin. Sie gerät völlig aus der Bahn. Ihr Leben hat einen neuen Sinn: ihn!

Etwas Ähnliches kann passieren, wenn sie sich einer Glaubensgemeinschaft, einer Sekte oder einer anderen Gruppe mit strengen Verhaltensrichtlinien und wunderbaren Versprechungen anschließt. Die eigene Sehnsucht beginnt in der fremden Tonart eines anderen, stärkeren Holzes zu schwingen, das anschließend ihre Mitte besetzt.

Das Bild

Wird eine empfindsame junge Shen-Seele von einer wandernden Hun-Seele erobert, kann es zu schwerwiegenden Identitätskrisen kommen. Die Frau, meist sehr jung, weiß kaum noch, wer sie ist, und schon gar nicht mehr, was sie will. Sie denkt nur noch an den einen. Dabei erhitzt sie sich zusehends. Die körperlichen Erscheinungen sind die eines starken Feuers: Herpes, Mandelentzündung, Blasenentzündung, rote Zunge, starke innere Unruhe, Herzklopfen und Schlaflosigkeit. In schlimmen Fällen kommt es zu Realitätsverlust oder gar psychotischen Symptomen.

Sind die Frauen etwas älter, sind sie sich ihrer Identität und ihres Wertes in der Regel sicherer. Manchmal aber kommt ihnen diese Gewissheit abhanden. Dann können auch sie wie besessen erscheinen und bereit sein, für den Angebeteten Dinge zu tun, die sie selbst kaum für möglich gehalten hätten. Ansonsten sind sie unruhig und fahrig und driften immer wieder in Tagträume ab. All dies kann so weit gehen, dass sie ihrem normalen Alltag kaum noch gewachsen sind.

Das tut die Kaiserin

Eine Kaiserin lenkt ihre Gedanken! Zuerst bilden die Gedanken ihr Reich, dann folgt die Energie und damit die Verwirklichung der Gedanken und Vorstellungen. Eine Kaiserin weiß um diesen Zusammenhang und schafft sich nach und nach ihre eigene, von ihr allein beherrschte Welt. Wenn sie Phantasien auslebt, dann ihre eigenen!

Die jugendliche Kaiserin

Die junge Kaiserin nährt ihr eigenes Herz. Sie macht sich bewusst, wer sie ist. Sie weiß um ihre Vorteile und um ihre positiven Eigenschaften. Darum schreibt sie in stiller Stunde alle ihre positiven Eigenschaften auf. Diese Liste erweitert sie ständig. Jeden Tag schaut die junge Kaiserin die Liste an und überlegt, welchen Seelenaspekten (siehe weiter unten) sie entsprechen. Bald wird sie erkennen, wo ihre Schwächen und Stärken liegen. Eine Kaiserin, die sich immer wieder blindlings verliebt, wird vermutlich feststellen, dass ihre Stärken vor allem im Bereich der Geist-Seele liegen. Dies ist bei einer jungen Frau normal und macht ihren besonderen Charme, ihre Offenheit und Begeisterungsfähigkeit aus. Um sich zu schützen, kann sie sich bewusst auf ihre vernünftigeren und kühleren Seelenaspekte, insbesondere die metallische Po-Seele (siehe unten), konzentrieren.

Bei einer sehr jungen Frau sind viele Eigenschaften, die in ihr angelegt sind, noch unsichtbar. Die Kaiserin sorgt dafür, dass diese Stärken vom Unsichtbaren ins Sichtbare wachsen können. Eine Kaiserin richtet ihre Sehnsucht nicht auf einen Mann, sondern darauf, was sie im Leben erreichen will. Dazu schätzt sie ihre Fähigkeiten realistisch und wohlwollend ein und kultiviert die schwächer ausgeprägten Seelenaspekte gezielt und liebevoll. Sie sagt nicht, analytisches Denken ist mir fremd, sondern sucht nach Aspekten der Po-Seele, die in ihr schlummern, vielleicht schwarzer Humor oder ein gutes Gefühl für Zahlen? Urteile von außen (»Du bist doch viel zu unsystematisch«, »Du warst doch schon immer feige« …) hindern sie nicht daran, auch unbekannte Fähigkeiten aufzuspüren und zu verstärken. Sie vertraut ganz auf das, was in ihrem Innern vorhanden ist.

Bevor die Kaiserin ihr Reich in der Realität regiert, regiert sie es schon in ihren Vorstellungen. Sie stellt sich bildlich vor, wie sie sein und was sie tun wird. Durch das Zusammenwirken aller fünf Seelenaspekte kann sie ihre Vorstellungen verwirklichen.

Eine Kaiserin, die dies weiß, weiß auch um ihre eigene Bestimmung. Sie wird ihre Träumereien nicht auf einen Mann richten, der zu beschränkt ist, ihre Besonderheit zu erkennen.

Wenn die Kaiserin eine Tochter hat, sagt sie ihr immer wieder, wie einzigartig und wunderbar sie ist, und gibt ihr ihre volle Aufmerksamkeit. Eine Kaiserin stärkt das Selbstbewusstsein ihrer Tochter und erweckt ihr Herz für die wesentlichen Dinge im Leben. Sie weiß, das schützt ihr

Kind nicht lebenslang vor Liebeskummer, aber es nimmt die Schärfe und die Nebenwirkungen enttäuschter Liebe. Eine Kaiserin achtet darauf, dass sich bei ihrer Tochter alle Seelenaspekte entwickeln können. Sie gibt allen Fähigkeiten ihrer Tochter Raum.

Die reife Kaiserin

Zunächst wird die Kaiserin ihr eigenes Reich, die Erde, die Gedanken-Seele stärken. (Zu den verschiedenen Seelenaspekten siehe weiter unten.) Dafür achtet sie, so banal dies klingt, auf regelmäßige Mahlzeiten und ausreichenden Schlaf. Sie nährt und pflegt sich in jeder Hinsicht wie eine gute Mutter. (Vergleiche auch Kapitel 7.)
Wenn sie noch dazu imstande ist, kann die Kaiserin ihre Po-Seele zu Hilfe nehmen und mit metallisch scharfem Verstand und einer Portion Zynismus ihrem Liebeswahn Grenzen setzen. Messerscharf weist sie die überquellende Leberenergie in ihre Schranken zurück.
Natürlich ist es einfach, dem Mann die Schuld zu geben, er hatte so eine Ausstrahlung, so eine starke Hun-Seele, da konnte frau nicht widerstehen. Aber möglicherweise war seine Hun-Seele nur bereit, und die betreffende Frau hat sie mit ihrer Sehnsucht aktiv herbeigezogen. Meist schmerzt es, Träume zu beschneiden, aber eine Kaiserin erkennt, was notwendig ist, und tut, was sie tun muss.
Liegt der Besessenheit eine tiefere Sehnsucht zugrunde, hilft blanker Zynismus nicht. Die Sehnsucht wird immer stärker und schmerzlicher werden, da sie dem Inneren der Frau selbst entspringt. Am wichtigsten ist, dass die Kaise-

rin den Mut fasst, ihre eigenen Sehnsüchte auszuleben. Dazu kann es notwendig sein, sich von vielen alten Gewohnheiten und oft auch von vertrauten Menschen zu trennen. Die Besessenheit von einem Mann oder das blinde Engagement für eine dubiose Gruppe oder Weltanschauung sind oft nur eine willkommene Ablenkung, um unangenehmen Wahrheiten aus dem Weg zu gehen. Eine Kaiserin findet heraus, was sie wirklich will, und verfolgt diesen Weg mit Entschlossenheit. Von schädlichen Einflüssen trennt sie sich. (Vergleiche Kapitel 8.)

Exkurs: die fünf Seelenaspekte und wie sie sich realisieren

Fünf Seelen wohnen, ach, in meinen Eingeweiden. Nach den Vorstellungen der Chinesen hat der Mensch nicht eine Seele, sondern fünf, die jeweils andere Eigenschaften haben und sich auf unterschiedliche Art und Weise realisieren und »verlieben«.

Die Hun-Seele
Die Hun-Seele wird dem Holz zugeordnet. Sie wohnt in der Leber. (Aussprache Hun: nicht wie das bekannte Federvieh, sondern wie der Hunnenkönig Attila.)
Diese Seele strebt in die Ferne, getragen von Sehnsüchten, Ideen und Kreativität. Aggression, Erotik, Abenteuerlust und Entscheidungsfreude sitzen hier. Hier werden Pläne geschmiedet und bunte Träume geträumt. Diese Seele liebt Farbe und Bewegung und Kunst. Wird die Hun-Seele in ihrer Ausbreitung behindert, neigt sie zu Aggressivi-

tät und Zerstörung. Diese Seele kann, zum Beispiel im Traum, den Körper verlassen. Nach dem Tod steigt die Hun-Seele auf.

Die Liebe der Hun-Seele ist die Liebe des Jägers. Ein Jäger liebt nur das, was schwer zu erreichen ist. Die Hun-Seele verwirklicht sich in der Verfolgung. Sie liebt Entwicklung und Fortschritt, immer das Ziel vor Augen. Erreicht sie das Ziel, verliert sie ihre Triebkraft und tötet das Objekt. Besonders intensiv erlebt sich die Hun-Seele daher im Kampf, Sport und in harter Konkurrenz. In der Yin-Variante liebt sie Phantasie, Träumerei und kreative Projekte, in der Yang-Variante liebt sie starke Motoren, große Lautsprecher und anderes Machtgehabe.

Bei jungen Menschen leben vor allem die Männer ihre Hun-Seele aus. In der mitteleuropäischen und US-amerikanischen Kultur gelten beruflicher Erfolg, der Sieg über Konkurrenten als die erstrebenswertesten Ziele. Entsprechend richtet sie die Hun-Seele auf diese Dinge aus.

Eine wichtige Funktion der Hun-Seele ist die sexuelle Eroberung und die Leidenschaft. Dafür bleibt karriereorientierten Männern wenig Energie. Sie gehen (nicht immer grundlos) davon aus, dass Geld und Macht ihre sexuelle Anziehungskraft von allein verstärken werden. Kein Wunder, dass so mancher Mann sich mehr darum bemüht, seinem Chef zu gefallen oder sein Auto zu reparieren, als darum, Frauen zu umwerben.

Andere Kulturen setzen andere Schwerpunkte. Daher streben viele Frauen, wider besseres Wissen und zur Empörung ihrer heimischen Männer, in den sonnigen Süden oder zumindest in Salsa-Diskotheken. Der Latin Lover existiert wirklich und sein erklärtes Ziel ist die Eroberung spröder und abweisender Frauen. Er ist ein Herzensbrecher. Zu diesem Zweck setzt er all seine Mittel und all seine Phantasie ein. Er singt Balladen, tanzt Flamenco und Tango, er weint und klagt und fleht seine »Herrin« an, ihn nicht durch Missachtung zu töten. Er beschimpft sie als grausam und herzlos und unternimmt, wo vorhanden, halsbrecherische Kletterpartien über fremde Balkone.

Die bisher eher an Gleichgültigkeit gewöhnte mitteleuropäische Frau schwankt zwischen Belustigung und Rührung. Solange sie das Melodramatische des ganzen Spektakels klar sieht und ihre kühle metallische* Zurückhaltung bewahrt, wird der Jäger nicht ablassen von seiner Verfolgung. Glücklicherweise darf sie sich heutzutage, entgegen veralteter Gerüchte, durchaus körperlich »hingeben«.

Moderne Latin Lovers haben gelernt, zwischen Körper und Seele zu unterscheiden, und lassen als erklärte Herzensbrecher nicht ab, bis sie Letztere erobert haben. Sexuelle Kunstfertigkeit ist ihnen dabei ein weiteres Mittel zum Zweck. Dies hat den Vorteil, dass die Frau heutzutage mit ihrem Latin Lover durchaus Spaß haben kann, vorausgesetzt, sie lässt ihren metallischen Schutzschild, ihre Zurückhaltung und innere Distanziertheit nicht schmelzen. Dass es für sie gefährlich wird, erkennt sie daran, wenn sie beginnt, bei den schmachtenden Balladen ihres Lovers, beziehungsweise seines CD-Players, in heiße Tränen der Rührung auszubrechen, und davon träumt, ihr ganzes Leben umzukrempeln und Mutter seiner zwölf Kinder zu werden. Diese Idylle wird besser niemals wahr. Das

---

* vgl. Einleitung, Fünf Wandlungsphasen

Leben des Jägers ist die Eroberung. Als Basislager braucht er eine brave Erdefrau, oft von seinen Eltern ausgesucht, treu, mütterlich und katholisch, die kocht und wäscht, ihn ernährt und an ihren großen Busen drückt, wenn das Leben ihm übel mitgespielt hat, und die weise darüber hinwegsieht, dass er seine Balladen für andere Frauen singt.

Zeit für die Heimreise. Zeit, das Gelernte in die Tat umzusetzen. Zeit, die eigene Hun-Seele zu aktivieren, Zeit, wieder verschärft an der eigenen Karriere zu arbeiten, zwischendurch auf die Jagd nach kühlen Metallmännern zu gehen oder eine Weile mit einem braven, zärtlichen und häuslichen Erdemann auf der Couch zu sitzen.

Die Hun-Seele junger Frauen führt oft ein verhaltenes Dasein. Über zarte Schwärmerei geht sie nicht hinaus. Oft braucht es Jahre, um Schüchternheit und Unsicherheit zu überwinden und die eigene, auch sexuelle, Entwicklung selbst in die Hand zu nehmen. Was der Hun-Seele am meisten im Weg steht, ist die Fähigkeit zur Selbstreflexion über Gefühle wie Scham und Peinlichkeit (Gefühle, die in der Po-Seele beheimatet sind). Die Hun-Seele schaut auf ihr Ziel und nicht auf sich selbst. Sie ist Subjekt ihrer Handlung, keine kritische Zuschauerin.

Am unternehmungslustigsten und aggressivsten fühlen Frauen sich oft in der prämenstruellen Phase. (Wie Frauen die Energien dieser Phase besser nutzen können, ist in Kapitel 5 nachzulesen.)

Wirklich aktiviert wird die Hun-Seele bei Frauen über vierzig. Sie lassen ihre Blicke schweifen und gehen auf die Jagd. Zur gleichen Zeit bauen viele Männer bereits ab: Die ständige, oft krampfhafte Überreizung der Leberenergie hat ihren Preis. Zeit für den Machtwechsel.

Die Aktivierung der Hun-Seele: Mittel gegen Schüchternheit

Schüchterne junge Frauen können ihre Hun-Seele hervorlocken, indem sie ihre expansiven Yang-Tendenzen stärken. Das traditionelle Mittel gegen Schüchternheit ist Alkohol – das berüchtigte »Mut antrinken« funktioniert wirklich. Noch aggressiver wirkt Kokain. Beide Mittel töten die Fähigkeit zur Selbstreflexion. Falsche Scham geht verloren – durchaus angemessene Skrupel allerdings auch. Beide Mittel geraten leicht außer Kontrolle beziehungsweise tendieren dazu, die Kontrolle über ihre Anwenderinnen zu übernehmen. Eine Kaiserin lässt sich nicht kontrollieren.

Bessere Mittel zum »Einnehmen« sind scharfe Gewürze wie Pfeffer, Chili, Knoblauch, Zwiebeln, Zimt und Nelken. Auch Fleischnahrung, besonders rotes Fleisch, fördert den Jagdinstinkt. Auch rote Bohnen und Schalentiere stärken das Yang. Schwächend wirken Schweinefleisch, Weizenprodukte (Kuchen und Nudeln) und Süßigkeiten. Nicht umsonst überlassen echte mexikanische Machos die Nudeln den Frauen und Kindern.

Das wirksamste Mittel zur Mobilisierung der Hun-Seele und zur Stärkung von Aggressivität und Selbstvertrauen ist hartes Training eines aggressiven Kampfsportes wie Kickboxen, Taekwondo, Boxen, Karate oder Shaolin-Kungfu. Weiche Techniken wie Judo, Wendo, Taijiquan, Fechten und Selbstverteidigung für Frauen sind auch wirksam. Krafttraining und Fitnesstraining verbessern zwar das Wohlbefinden, geben aber keinen »Biss«.

Die Aktivierung der Hun-Seele ist eine Spezialität der Männer. Daher liegt es, wie überall, nahe, von den Fachleuten zu lernen. Männer machen sich groß und breit und unterstreichen dies durch ihre Kleidung. Ihre Stimme ist laut, und sie sprechen ihr Gegenüber direkt an. Die Hun-Seele tritt durch die Augen aus. Daher konzentrieren Männer mit starker Hun-Seele ihren Blick auf die wichtigsten Menschen im Raum und lassen ihn weder ziellos schweifen, noch senken sie schüchtern die Lider. Der Blick muss gerade aus den Augenhöhlen heraustreten. Soll der Blick Überlegenheit andeuten, muss er von oben nach unten gehen. Kleine Männer drücken daher ihr Kreuz durch, wenn sie größere Menschen ansehen. Niemals drehen sie ihre Augen demütig nach oben, so dass das Weiße unterhalb der Iris zu sehen ist. Männer setzen sich nicht in die Ecke, wenn sie auch in der Mitte sitzen können. Männer zeigen sich nur gegenüber eindeutig Schwächeren (unemanzipierten Frauen!) ritterlich. Ansonsten behaupten sie ihren Platz und entschuldigen sich nur, wenn es nicht mehr zu vermeiden ist.

Das Wichtigste: Die Hun-Seele reflektiert nicht. Daher finden Männer dies alles weder affig noch unfein!

Weitere Tricks, die von Männern, den Fachleuten, die es besser wissen, gerne angewendet werden, sind einerseits feste Stiefel, Lederjacken und schnelle Motorräder und andererseits die unzähligen Machtinsignien wie große Schreibtische, teure Autos, High-Tech-Kommunikation und geprägtes Briefpapier. So lächerlich die Träger all dieser Dinge vielleicht sein mögen, wenn sie ihrer äußerlichen Attribute beraubt werden, gerade eine junge Kaiserin sollte die Augen nicht davor verschließen, dass die meisten ihrer Mitmenschen ihr anders, meist respektvoller, gegenübertreten werden, wenn sie solche Insignien geschickt einsetzt. Sie kann dies auf kreative und unkonventionelle Art tun und muss sich nicht unbedingt kostümieren oder gar uniformieren – auffällig, edel und eigenwillig kann sie allerdings aussehen.

Das Geheimnis hinter diesen Dingen: Wer den Respekt der Umwelt genießt, wird mehr Selbstrespekt entwickeln und irgendwann in die anvisierte Rolle hineinwachsen.

Die Geist-(Shen-)Seele

Die Geist-Seele oder Shen-Seele wird dem Feuer zugeordnet. Sie wohnt im Herzen.

Diese Seele entspricht der Klarheit und Vergeistigung, der Ekstase, der Freude und der Liebe. Diese Seele gilt als die Herrscherin im Reich. Meist hält sie sich verborgen und tritt nur für Momente in Erscheinung. Andernfalls reißt sie mit ihrer Intensität alles mit. Wenn sie zu stark entflammt, werden die Betroffenen wahnsinnig oder liebeskrank. Blitzt diese Seele auf, stellt sie den Kontakt zu anderen Welten her. Ebenso wie die Hun-Seele steigt sie nach dem körperlichen Tod auf.

Die Liebe zwischen den Shen-Seelen ist die innige Begegnung zwischen zwei Herzen. Dieser Zustand hält nicht lange an, die Menschen würden sonst verglühen. Nur im Tod findet diese Liebe ihre Dauer.

Liebe zwischen Shen-Seelen hat kein Ziel und keine Perspektive. Sie ist zeitlos und hat keinen festen Ort. Sie kann jeden Moment in ihrer ganzen Schönheit aufflackern und ebenso schnell vergehen. Sie verschenkt sich völlig und ohne Bedenken. Daher ist sie das Privileg von Menschen,

die fähig sind, intensiv den Augenblick zu leben, und nicht an Gütern und Nutzen festhalten. Dies sind vor allem sehr junge und sehr alte Menschen. Romeo und Julia hätten gar nicht älter sein können, und ebenso logisch ist das baldige Ende ihrer Liebe.
Genauso zeitlos und perspektivelos und dafür umso inniger ist die Liebe zwischen Menschen am Rande des Todes. Eine sehr seltene und kostbare Variante ist die Liebe zwischen sehr alten und sehr jungen Menschen – die Harold-und-Maude-Beziehung. Aber: Wirkliche Harold-und-Maude-Beziehungen, meist zwischen alten Frauen und jungen Männern, sind sehr selten. Bei vielen der Beziehungen zwischen jungen Frauen und alten Männern handelt es sich um eine Variante des Vampirismus. (Vergleiche dazu Kapitel 3.) Viele alternde Männer sind nicht bereit, dem nahenden Tod ins Auge zu blicken. Dies macht sie unfähig, das Leben intensiv zu lieben. Sie werden zu störrischen und widerborstigen »alten Knochen«, die sich nichtsdestoweniger gerne als Jäger und »unverbesserliche Herzensbrecher« sehen. Sie haben ein ganzes Leben lang nichts dazugelernt, nur die Kräfte sind geschwunden. Dafür haben sie Geld, Macht und Status akkumuliert, mit denen sie sich nun identifizieren. Wenn sie versuchen, diese Dinge als Lockmittel einzusetzen, um »etwas Frisches und Junges« anzulocken, finden sie nicht selten die passenden Gegnerinnen: junge Metallfrauen, die zynisch und kühl versuchen, ihren Nutzen aus dieser Beziehung zu ziehen.

Die Aktivierung der Shen-Seele: Freude finden
Ein Mensch ohne Shen wird sterben, sagen die Chinesen. Um die Shen-Seele zu aktivieren, bedarf es der Freude.

Am leichtesten freuen können sich Kinder und manche alte Menschen. Für andere ist es oft sehr schwer, inmitten von Zielgerichtetheit, Zeitplänen und Sachzwängen einen losgelösten Moment der reinen Freude zu finden. Sie ist wie eine Pflanze, die nur selten blüht.

Junge Frauen, die nicht wissen, wie sie ihre Shen-Seele erblühen lassen können, neigen schnell zu Schwärmerei und rasender Verliebtheit. Was sie nicht in sich selbst finden, hoffen sie mit Hilfe eines Prinzen oder des Kaisers von China zu finden. Dies funktioniert nur im Märchen.

Eine Kaiserin schafft sich selbst die Bedingungen ihrer Freude. Sie weiß, jeder Mensch ist anders. Jede Shen-Seele bevorzugt ihre eigenen Freuden. Nicht überall, wo fun draufsteht, ist für Individualisten auch fun drin. Was den einen Freude bereitet, ist für die anderen eine alberne, kommerzielle Belustigung. Denn die Shen-Seele offenbart sich nicht auf Befehl. Daher ist bei der Suche nach Freude Kreativität gefragt. Eines haben alle Bedingungen für Freude gemeinsam: Sie dienen niemals, auch nicht insgeheim, irgendeinem anderen Zweck.

Chemische Hilfsmittel wie LSD, Pilze und Ecstasy funktionieren zwar zunächst verblüffend gut, schädigen aber das Mingmen-Feuer (vergleiche Kapitel 3), das heißt, sie machen langfristig dumpf und schlapp und schädigen den Blick für die Realität. Schlimmeres kann einer Kaiserin kaum passieren.

Beispiele für Shen-Aktivierung:

- Zusammensein mit einem lieben Menschen
- gemeinsames Lachen mit Freundinnen
- schnelles Reiten durch einen glitzernden Bach

- Segeln bei starkem Wind
- Besteigen eines steilen und hohen Berges
- Lösen eines wirklich schwierigen Rätsels
- Finden eines neuen Naturgesetzes
- Entdeckung einer sensationellen neuen Pastasauce
- Arrangieren eines Blumenstraußes
- Sex wie im Buch der Nonne (siehe Seite 103)
- intensives Musikhören
- malen (bei manchen auch nach Zahlen)
- eine Nacht durchtanzen und dann nicht schlafen gehen
- lautes Singen im offenen Auto (oder in der Badewanne)
- Knuddeln eines Babys, bis es lacht

Die Gedanken-Seele

Die Gedanken-Seele wird der Erde zugeordnet. Sie wohnt in der Milz. Diese Seele ist ruhig, etwas behäbig und ausgeglichen. Sie verkörpert die erdige und bodenständige Weisheit, das Lernen und die Fürsorge für andere. Daher wird sie von den Chinesen hoch geschätzt. Jede Neigung zu Verrücktheit ist ihr fremd. Sie zieht ein gutes Essen vor. Sie verkörpert das In-sich-selbst-Ruhen. Ist sie geschwächt, kann eine expansive Hun-Seele sich an ihrer Stelle breit machen. Der chinesische »Dickbauchbuddha«, den nichts aus der Ruhe bringen kann, ist die Verkörperung der Erdseele, er frisst alles und verarbeitet es problemlos, daher der große Bauch und das immer währende Lächeln.

Die Liebe der Gedanken-Seele realisiert sich darin, sich und andere Menschen, vor allem Kinder, zu nähren und zu harmonisieren. Sie veranstaltet schöne und gesunde Festgelage für Freunde und Familie und gibt gerne guten

Rat in schwierigen Lebenslagen. Sie hat Verständnis für Schwächen, auch die eigenen, und lächelt weise darüber. Manchmal passiert es der Gedanken-Seele, dass ihre großzügige und gutmütige Art durch zu viele Schützlinge ausgenützt wird oder dass sie vergisst, sich selbst zu nähren und Freude zu bereiten. Dann wird sie müde, kalt und farblos. Eine unbestimmte Sehnsucht macht sich in ihr breit, doch ihr eigenes schwaches Hun geht nicht allein auf Reisen. Die Leere, die in ihrer Mitte entstanden ist, kann von aggressiven fremden Hun-Seelen leicht vereinnahmt werden. Bald ist sie nicht mehr sie selbst.

Die Aktivierung der Gedanken-Seele: Stärkung der Mitte
Vergleiche Kapitel 7.

Die Po-Seele
Die Po-Seele wird dem Metall zugeordnet. Sie wohnt in der Lunge. (Aussprache von Po: nicht wie der Körperteil, sondern wie in Politik.)
Die Metall-Seele ist von scharfer und zersetzender Intelligenz. Sie neigt zu Kritik, Spott und Zynismus und distanziert sich von jeder Überhitzung und Leidenschaft. Diese Seele ist Ordnungsliebe, Präzision, technischer Verstand und Computerwissen. Sie kann die überschwappende Begeisterung der Hun-Seele in Schach halten. Metall kontrolliert Holz. Im Extremfall kann sie jede aufkeimende Leidenschaft zerstören. Gegen einmal entflammte Liebe aber ist sie machtlos. Feuer zerstört Metall. Diese Seele bleibt nach dem Tod im Körper. Wenn die Tote nicht richtig vergraben wurde, wird sie böse und destruktiv und spukt – nach chinesischer Vorstellung – herum.

Die Aktivierung der Po-Seele: Cool bleiben

Die Po-Seele liebt die Einsamkeit und den klaren Kopf. Dies ist weder lustvoll noch fröhlich, sondern oft sehr traurig, aber für sie ist es die höchste Form der Realisation. Für sie heißt es: Die Starke ist am mächtigsten allein. Die Po-Seele analysiert und macht zynische Witze, wenn sie in Gefahr kommt, vor Rührung zu zerfließen. Da eine Frau mit einer starken Metallenergie wie eine uneinnehmbare Festung wirkt, wird sie gerne zum Objekt der Begierde für jagende Hun-Seelen. Solange sie nicht schmilzt, kann dies für sie sehr amüsant sein. Sollten ihre Sicherungen doch einmal durchbrennen, rettet sie sich in heillosen Konsum von Kaffee und Zigaretten. Grüner Tee wäre besser.

Die mystische Seele

Die mystische Seele, der Wille, wird dem Wasser zugeordnet. Sie wohnt in den Nieren.
Diese Seele ist die Wurzel allen Lebens. Wenn alles andere zerstört ist, bleibt diese urtümliche Lebenskraft, der nackte Wille, erhalten. Sie ist das Leben, der Tod und die Mystik. Auch das Gedächtnis gehört hierher. Die Besonderheit dieser Seele ist die Fähigkeit, intuitiv und unbewusst tiefe und verborgene Wahrheiten anzuzapfen. Diese Seele gilt als die stärkste und kann auch das hitzige Auflodern der Geist-Seele, der eigentlichen Herrscherin, kontrollieren. Frauen entsprechen dem Wasser, dem Yin. Wasser kontrolliert Feuer. Die mystische Seele macht die besondere Macht der Frauen aus. Nach dem Tod bleibt diese Seele in Form von Knochen und Haaren zurück.

Die Aktivierung der mystischen Seele: daoistischer Sex
Diese Seele liebt die Tiefe und das Mysteriöse. Sie versenkt sich gerne und beschäftigt sich mit Grenzfragen. Chemische Hilfsmittel sind Opiate, aber diese schädigen die Essenz und sind daher unzweckmäßig. Machtvoller ist daoistischer Sex. Wenn die Wasserseele sehr stark ist, ist die sexuelle Kraft sehr intensiv. Sie kann sich auf der körperlichen Ebene so intensiv realisieren, dass dabei auch die Shen-Seele aktiviert wird. Solcher Sex erfasst den ganzen Menschen und vermehrt die Essenz. Gelegentlich gelingt dies durch Zufall oder glückliches Zusammentreffen der Partner. Eine Kaiserin nimmt die Sache in die eigene Hand und studiert *Das Buch der Nonne*.

Das nimmt die Kaiserin bei Liebeskummer und Besessenheit

Dies ist ein äußerst wirksames Rezept für Frauen, die sich, zum Beispiel nach einem Trauerfall, sehr geschwächt fühlen oder bereits einer herumirrenden Hun-Seele zum Opfer gefallen sind. Es füllt die Leere in der Mitte auf, stabilisiert die Psyche und schützt vor Besessenheit und Liebeskummer.

Kaiserinnenelixier: *Das Elixier, das junge Mädchen unter dem Kopfkissen aufbewahren sollten*

Poria Cocos	50 g
Radix Paeoniae lactiflorae	30 g
Cortex Cinnamomi	30 g
Radix Angelicae sinensis	30 g

Radix Glycyrrhizae viridis	30 g
Fructus Jujubae	30 Stück
frische Ingwerscheiben	9 Stück

Diese Menge reicht für eine Woche. Von dem Sud dreimal täglich eine Tasse nach dem Essen trinken. (Zur Zubereitung siehe Seite 249 ff.)

Exkurs: die wahre Liebe

Die wahre Liebe vereinigt alle Seelenaspekte zweier Menschen in immer währender Harmonie von Intellekt, Fürsorge, Leidenschaft und Freude. Alles, was unvollkommen und leer war, wird vollständig und erfüllt. Nichts kann wirklich Liebende trennen. Die wahre Liebe dauert immer und ewig. Ein vorzeitiges Ende findet sie in der Frage, wer das Klo putzt.

KAISERINNENSÄTZE

- Die Kaiserin beherrscht ihr eigenes Reich.
- Die Kaiserin weiß, was sie will.
- Die Kaiserin lässt sich nicht erobern.
- Die Kaiserin lenkt ihre Gedanken.
- Die Kaiserin weiß um ihre eigene Bestimmung.

3

Ausstrahlung und Duft
Lebenstorfeuer – Yang-Niere –
Begehren

Im vierzehnten Jahr der Regierungsperiode Entschlossener Blick (640) erhält die Konkubine Wu Zhao den Titel »Begabter Mensch«. Ein niedriger Rang, noch immer.

Wu Zhao ist sechzehn Jahre alt und wird selten ausgewählt, mit dem Kaiser das Kissen zu teilen. Unauffällig ist sie geworden und ohne Ausstrahlung, Beschwerden der trüben Säfte quälen sie. Besorgt ist die Amme Lao Ma. Speiseverbote gibt sie Wu Zhao. Denn sie weiß, trübe Säfte machen trüben Duft. Schwer fällt das Wu Zhao, nie aß sie so üppig wie hier. Wu Zhao gehorcht der Amme. Allein es wird kaum besser mit ihr.

So reisen die beiden und haben Aprikosensamen im Gepäck, als Bezahlung für den Weisen. Sun Simiao schaut Wu Zhao, fühlt den Puls, betrachtet ihre Zunge und ihr Gesicht. Sun Simiao sieht die Essenz, sieht die, die sie ist, und die, die sie sein wird.

»Dein Yin wird dir gepflückt, Wu Zhao«, sagt der Weise. »Das ist der Weg der jungen Konkubinen.« Wu Zhao will aufmerken, klagen, doch Sun Simiao spricht weiter. »Jede Vereinigung mit einem alten und mächtigen Mann ist einmal zu viel für dich, Wu Zhao. Höre meine Worte, Hofärzte schweigen davon: Mit zweimal sieben Jahren strömt das himmlische Wasser. Ebbe und Flut beginnen ihren Wandel, *monatlich. Doch erst mit dreimal sieben Jahren erfüllt sich die Essenz. Seit alters her heißt es: Die Frau muss zweimal zehn Jahre vollenden, erst dann mit Wolken und Regen spielen. So wird das Wasser tief und der Quell strömt, ein Leben lang.«*

Trotzig schaut Wu Zhao. Doch Sun Simiao fährt fort: »Seit alten Zeiten auch nutzen die Mächtigen das weiche Yin der jungen Mädchen, zur Auffüllung ihrer welken Säfte. Zum Verderben der Mädchen. Wolken ballen sich, doch kein Regen fällt. Alt werden die Mädchen und vertrocknen vor der Zeit.«

Entsetzt schaut Wu Zhao und Sun Simiao spricht weiter: »Bewahre deine Essenz, du brauchst sie später. Viel liegt vor dir, Wu Zhao. Meide die heißen Elixiere und das giftige Pulver. Halte dein Yin zurück beim Wolken- und Regenspiel. Dein Lebenstor lodert, dein Verstand ist verwirrt. Trüb sind die Säfte unerfüllter Begierde. Schwach bist du vor dem Kaiser.«

Zwei Gefäße aus Flaschenkürbis reicht ihr der Weise. »Der Tee für die kühle Göttin wird Trübes entfernen und Heißes kühlen. Klar wirst du und unüberwindlich. Später wähle mit Verstand. Der Mann soll jung sein und reich an Essenz. Im dritten Jahr öffne den zweiten Kürbis, das Duftelixier.«

Wu Zhao trinkt den Tee für die kühle Göttin. Ihr Blick wird klar, die Haut wie aus Jade. Respekt hat der alte Kaiser vor Wu Zhao.

Im siebzehnten Jahr der Regierungsperiode Entschlossener Blick (643) wird ein Prinz, der spätere Gao Zong*, zum Thronfolger bestimmt.

---

* Gao Zong ist der Kaisertitel

Wu Zhao sieht den Prinzen. Jung ist er und reich an Essenz. Schönheiten des Hofes umtanzen ihn, in Wolken persischer Düfte.
Wu Zhao öffnet den Kürbis Duftelixier und trinkt den Tee. Im Bad gibt sie dem Thronfolger ein Handtuch. Tropfen nässen Wu Zhao.
»Verzeih, ich habe dich bespritzt«, sagt er.
»So soll es sein«, erwidert sie kühn.
Es ist ihr Duft, den er nicht vergisst.

Unwiderstehliche Ausstrahlung

Unwiderstehliche und erotische Ausstrahlung haben meist die Frauen (und Männer), die sich selbst wertschätzen und ihre Sinnlichkeit und Sexualität leben und lieben. Wer hat, dem wird gegeben, wer nicht hat, der geht auch weiterhin leer aus. Wer gar aus sexueller Bedürftigkeit unterwürfig darum bettelt, zu Diensten sein zu dürfen, hat schon verloren in jeder Weise.

Lebendigkeit andererseits und Lebensfreude, Ausstrahlung und Offenheit verbunden mit der Haltung, auf niemanden angewiesen zu sein, wirken viel anziehender.

Die Kaiserin weiß, Ausstrahlung und Duft kommen von innen. Kein Parfüm geht so in die Tiefe wie der eigene unverwechselbare Körpergeruch. Doch nicht immer entwickeln sich Ausstrahlung und Duft so, wie die Kaiserin es sich wünscht. Einige Menschen riechen trotz Deo, ausgiebigem Duschen und teurem Parfüm unangenehm oder langweilig, während andere ungewaschen und verschwitzt etwas unwiderstehlich Sympathisches um sich versprühen. Das gilt für Frauen und für Männer gleichermaßen.

Was passiert energetisch

Ein angenehmer Duft ist Ausdruck des klar brennenden Herzfeuers, der geistigen Kraft (auch fürstliches Feuer genannt), die wie eine Kerzenflamme erotische Essenzen aus der kühlen Tiefe der Nieren emporzieht und gleichmäßig verteilt. Geistig starke und klare Menschen besitzen eine große und weitreichende Ausstrahlung.

Wird jedoch die Kerze von unten erhitzt, durch das, was Sun Simiao das auflodernde Feuer aus dem Lebenstor nennt (siehe unten), schmilzt die Essenz, es entsteht Ruß (feuchte Hitze). Die Chinesen sagen, die Herzöffnungen verstopfen. Die Shen-Seele, der Geist, wird unklar. Dabei leidet die Ausstrahlung, und der Körpergeruch wird unangenehm, besonders bei einseitiger Ernährung und gestörtem Stoffwechsel. Parfüms und Deos übertönen den eigenen Geruch, Ausstrahlung können sie nicht ersetzen, und sie wirken nicht so tief auf andere Menschen wie der eigene unverwechselbare Körperduft.

Das Bild

Durch das Zusammenwirken von auflodernder Lebenstorfeuer und Feuchtigkeit (siehe unten) entsteht so genannte »feuchte Hitze«. Die ganze Erscheinung wirkt trübe und klebrig. Die Haut ist unrein und teigig oder glänzt fettig, die Hände sind feucht und kalt. Dazu kommen oft Ausfluss, Pilze, Blasenentzündung, fettige Haare, schlechte Zähne, Karies, unangenehmer Geschmack im Mund, Nebenhöhlenprobleme, Heuschnupfen, Halsentzündungen und ein schlechter Körpergeruch. Die Betroffenen fühlen sich meist »verschlackt« und »schwer«.

Die trübe Ausstrahlung äußert sich aber nicht nur körperlich, sondern auch psychisch. Dazu gehören Stimmungsschwankungen, Gefühlsausbrüche und Essstörungen. Durch die Hitze entsteht oft Gier nach kühlenden, aber gleichzeitig feuchtmachenden Nahrungsmitteln, nach Eiscreme, Salaten, Süßigkeiten, Jogurt, Pudding und süßen Getränken.

Die »Klebrigkeit« zeigt sich auch in übersteigerter sexueller Bedürftigkeit. Das Problem dabei ist: Gerade wenn Frauen sich besonders anlehnungsbedürftig fühlen, ist ihre sexuelle Anziehungskraft reduziert. Mit einer Ausnahme: Männer, die in sexuellen Beziehungen vor allem den eigenen Nutzen suchen, wittern gerade diese Ausstrahlung von Schwäche und psychischer Erregung. »Immer gerate ich an die falschen Männer«, heißt es dann fatalistisch. Je länger eine Frau mit einem Mann zusammen ist, der sie immer wieder enttäuscht, desto mehr verliert sie Essenz, innere Stärke und Selbstachtung.

Je enttäuschter und unbefriedigter sie ist, umso mehr will sie haben und umso weniger wird sie bekommen. Jede kennt das weinerlich anbiedernde Verhalten Betrunkener und das selbsterniedrigende Verhalten verschmähter Geliebter. Auch Frauen und Männer, die sonst im Vollbesitz ihrer geistigen Kräfte sind, können sich ähnlich benehmen. Die Ursache für diesen Teufelskreis liegt in der zuvor entstandenen trüben Ausstrahlung, die aus Sicht der chinesischen Medizin eine Krankheit ist. Der Teufelskreis kann nur durchbrochen werden, wenn die Störung erkannt und behandelt wird.

Eine Kaiserin weiß, dass die herkömmliche Medizin die trübe Ausstrahlung nicht als Krankheit ansieht, alle Symptome relativ erfolglos einzeln behandelt und für die sexuelle Bedürftigkeit das Etikett Hysterie verleiht. Die Kaiserin lässt das nicht mit sich machen, sie weiß, nicht selten ist ein schlechter Liebhaber die wahre Ursache für alle Beschwerden. Sie sucht sich einen neuen, wenn sie von ihrem Geliebten nicht das bekommt, was ihr gut tut. Sie hat ihre eigene Moral. Sie verschwendet keine Mühe auf einen Mann, der es nicht verdient. Jüngere Männer zieht sie älteren vor. Eine Kaiserin weiß, was sie braucht, und sie handelt danach.

Erste Ursache für trübe Ausstrahlung: auflodernder Lebenstorfeuer

Eine der zwei Ursachen für die trübe Ausstrahlung liegt in dem übermäßig auflodernden Lebenstorfeuer, wie der Arzt Sun Simiao es nannte, dabei wird die angeborene Essenz zu schnell verbraucht. Für Sun Simiao war es eine Tatsache, dass in jedem Menschen eine bestimmte Menge angeborener Essenz vorhanden ist. Sie bestimmt Lebensdauer, Vitalität und Rückgrat eines Menschen und ist von den Vorfahren ererbt. Die Menge dieser Essenz oder Lebensvitalität ist von Mensch zu Mensch unterschiedlich hoch.

Für die Chinesen ist diese Essenz, der Lebenswille, in den Nieren gespeichert. Geht etwas an die Nieren (wie wir auch im Westen sagen), ein tiefer Verlust, Schreck oder Entsetzen, wird diese Kraft unwiederbringlich geschädigt: Die Haare werden weiß, die Zähne lockern sich und die Knochen werden brüchig. Erscheinungen, die wir mit hohem Alter assoziieren, in dem die Nierenenergie, die Essenz, sich auf natürliche Weise verbraucht hat.

Bleibt die Essenz stark und ungeschädigt, so ist der Mensch voller Vitalität. Gesunde Zähne und glänzendes Haar zeigen dies deutlich. Die Essenz sollte sich nur allmählich verbrauchen.

Bei Kindern und Jugendlichen wird die kontinuierlich strömende Essenz zum geistigen und körperlichen Wachstum gebraucht. Im Alter von vierzehn Jahren erreichen Mädchen die Geschlechtsreife.* Eine geheimnisvolle Kraft, genannt das »himmlische Wasser«, beginnt rhythmisch zu fließen und führt einmal im Monat zur Menstruation, dem Überwallen der Essenz. Bis der Rhythmus sich eingespielt hat, vergehen weitere sieben Jahre. Erst dann ist die Essenz gefestigt.

Je unbeeinflusster von einer übersexualisierten Umgebung, frühen Sexualkontakten mit meist älteren Männern und Hormongaben (Antibabypille) sich dieser Rhythmus einspielen kann, desto gefestigter und stabiler wird die Essenz. Denn die junge Frau ist noch weich und verletzlich. Sie kennt ihre Grenzen noch nicht und neigt dazu,

---

* Die Geschlechtsreife tritt oft früher ein. Die traditionelle chinesische Medizin geht aber von einem Siebenerrhythmus für das gesamte Leben der Frau aus.

sich rückhaltlos zu begeistern und hinzugeben, auch sexuell. Dabei aber verströmt sich ihre Essenz im Übermaß und geht für immer verloren.

Nach chinesischen Vorstellungen brennt in jedem Menschen ein Feuer, das so genannte Lebenstorfeuer. Dieses Feuer nährt sich von der angeborenen Essenz, die dabei kontinuierlich verströmt wird. Ein ruhig und gleichmäßig brennendes Lebenstorfeuer gilt als Garant für ein langes Leben. Lodert das Feuer aber auf und wird nicht wieder gekühlt, dann wird die angeborene Essenz zu schnell verbraucht. Ein von Natur stark loderndes Lebenstorfeuer (ohne Feuchtigkeit!) bringt eine starke (erotische) Ausstrahlung hervor. Solche Menschen gelten oft als Genies und sind vom frühen Tod bedroht, da sie ihre Essenz zu schnell verbrauchen. Es sei denn, sie füllen sie mit Hilfe junger Frauen (oder Männer) wieder auf.

Das Auflodern des Lebenstorfeuers, wie es sich auch bei allen Menschen in Momenten der Begeisterung und Erregung zeigt, hat etwas Magisches und ungemein Lebendiges, das andere Menschen mitreißt und begeistert. Daher haben Menschen zu allen Zeiten und in allen Kulturen versucht, dieses Feuer künstlich zu stimulieren.

Künstliche Überhitzung des Lebenstorfeuers

Sexuelle Erregbarkeit hat ihre natürlichen Höhen und Tiefen. Phasenweise auftretende Lustlosigkeit ihre physiologische Funktion. Von außen forcierte Phantasien (Medien), vor allem, wenn sie durch Drogen und Alkohol unterstützt werden, bringen das Lebenstorfeuer zum Aufflackern. Die Folge sind Überhitzung und Essenzverlust.

Nach dem Motto »sex sells« wird unsere Umwelt genauso sexualisiert wie ein Harem in der Tang-Zeit. In beiden Fällen geht, beziehungsweise ging, es darum »anzuheizen«, um »abzuzapfen«.

Das noch schwache Yin der jungen Mädchen kann diese Flammen nicht kühlen, ihnen nichts entgegensetzen, und die Essenz verströmt sich. Diese Tatsache machten sich Männer zu allen Zeiten zunutze. Im alten China ganz bewusst, im modernen Westen unbewusst. Niemand gibt so viel und fordert so wenig wie ein junges Mädchen. Ein Mann, der ihr Lebenstorfeuer anzuheizen versteht, gewinnt eine anhängliche Dienerin von nahezu grenzenloser Großzügigkeit und Hingabe. Ein solcher Mann ist vor allem daran interessiert, von der unverbrauchten Vitalität der jungen Frau zu profitieren. Und genau das ist das Unheilvolle, das, wovor der weise Arzt Wu Zhao warnt: Eine erhitzte und sexuell überstimulierte junge Frau ist die beste Quelle für Vitalität. Sun Simiao spricht vom Yin.

Nach chinesischen Vorstellungen wird in der sexuellen Begegnung Energie ausgetauscht. Wird in der Begegnung der Geist – das fürstliche Feuer – mit einbezogen, wird geistige Kraft (Shen) ausgetauscht. Dies geschieht am ehesten zwischen gleich starken Partnern – ebenbürtigen Gegnern, wie es in China heißt. Durch dieses Aufblitzen der Energie regnen die geballten Wolken der Erregung nieder, wie es Sun Simiao sagen würde. Bei diesem Prozess wird die Essenz verfeinert und bereichert. Daoisten verstehen es, die Essenz bewusst ins Energiezentrum ihres Unterleibs zu saugen (vergleiche das Buch der Nonne und die Zinnobermeditation Seite 89 ff). So dient Sex im daoistischen Ritus der Lebensverlängerung und wird dem Qi Gong* gleichgesetzt.

Im künstlich überhitzten Zustand aber geht die Essenz, die sonst in die Tiefe zurückregnet oder zurückgesaugt wird, besonders schnell verloren und vernebelt den Kopf. »Wolken ballen sich, doch kein Regen fällt.« Meist geht sie dem ungefestigten Partner verloren, während der/die mit dem stärkeren Yin alle Energie aufsaugt und das eigene Yin immer stärker vermehrt. In der Regel hat die Frau mehr Yin, kann es in einer sexuellen Beziehung also sogar noch vermehren. (Darum wurden Frauen im alten China als »gefährliches Wasser« bezeichnet und gefürchtet.) Dies gilt jedoch nicht, wenn die Frau noch sehr jung oder überhitzt ist, es sei denn, sie beherrscht die Technik des Yin-Versiegelns.

Zweite Ursache für trübe Ausstrahlung: Feuchtigkeit

Die oben beschriebene psychische und körperliche Überhitzung kann auch Magenhitze (westlich Heißhunger) mit starker Gier auf Süßes und Kaltes bewirken. Das Problem dabei ist die Feuchtigkeit, die durch diese Nahrungsmittel im Körper entsteht. Denn das überhitzte Lebenstorfeuer »kocht« die feuchten Säfte, entstanden durch kalte und feuchte Nahrung, ein, bis sie dickflüssig und trübe werden. So entsteht eine feuchte Hitze, eine Klebrigkeit, zu

---

* Qi Gong (sprich: Tschi Gong): Überbegriff für alle Techniken, die auf das Qi einwirken wie Tai Ji, Atmung, Meditation u. a.

der alle oben beschriebenen Symptome der trüben Ausstrahlung gehören.*

Folgende Lebensmittel produzieren, nach Vorstellungen der chinesischen Medizin, Feuchtigkeit im Körper: Süßigkeiten, Milch, Schweinefleisch, kalte Salate, kalte Getränke und Rohkost. Aber auch Weizenprodukte und fettig Gebratenes und Alkohol.

Die Feuchtigkeit entsteht nicht nur durch bestimmte Lebensmittel, auch Bewegungsmangel, zu viel Grübelei und Sichsorgen sowie geistige Überreizung (studieren, fernsehen, lesen und Ähnliches) bewirken auf Dauer Feuchtigkeit im Körper. Sowohl Bewegungsmangel als auch geistige Überanstrengung schwächen nach traditioneller chinesischer Sicht die Milz-Erde, die für den Stoffwechsel und die Flüssigkeitsverteilung im Körper zuständig ist. Im geschwächten Zustand kann die Milz ihrer Aufgabe nicht mehr ausreichend nachkommen, wodurch der Körper zu feucht wird. Selbstverständlich verstärkt ein feuchtes Klima (wie zum Beispiel in Norddeutschland und Shanghai) die ganze Situation.

Drastisch verschärft wird die Klebrigkeit durch die ebenfalls feucht machende Antibabypille und durch Antibiotika, die paradoxerweise gegen Symptome der trüben Ausstrahlung, wie Ausfluss und Blasenentzündung, immer wieder verabreicht werden.

---

* In der Traditionellen Chinesischen Medizin gibt es sechs krank machende Faktoren: Wind, Hitze, Kälte, Feuchtigkeit, Trockenheit und schwüle Sommerhitze, die, wenn sie im Überfluss auftreten, Krankheit verursachen.

Das tut die Kaiserin

Zuerst erkennt sie die Zusammenhänge und sorgt für einen klaren Kopf. Sie weiß, bevor sie eine wunderbar erotische Ausstrahlung bekommen kann, muss sie ihre feuchte Hitze, ihre Klebrigkeit vollkommen beseitigt haben. Das ist der erste wichtige Schritt.
Beide Ursachen für die feuchte Hitze, das überhitzte Lebenstorfeuer und die Feuchtigkeit, geht sie getrennt an, denn die trübe Ausstrahlung entsteht erst durch die Kombination der beiden krank machenden Faktoren.

Bewusste Ernährung

Die Kaiserin ernährt sich bewusst, um die Feuchtigkeit auszutrocknen: Süßigkeiten, Säfte, Schweinefleisch und Milchprodukte vermeidet sie. Sie isst weniger Weizenerzeugnisse und bevorzugt eher Gersten- und Roggenbrot. Sie weiß, Melonen und Kürbisse leiten die Feuchtigkeit aus, diese genießt sie reichlich. Bei Melonen ist das Fruchtfleisch dicht an der Schale besonders wirkungsvoll. Auch Hirse wirkt festigend. Erhitzende Wirkung haben Fleisch, Alkohol und scharfe Gewürze, darum genießt sie diese sparsam.
Hat sie einmal die Zusammenhänge erkannt, sorgt sie für ausreichende Bewegung, körperlich und geistig, allerdings verausgabt sie sich dabei nicht bis zur Erschöpfung. Für eine Kaiserin steht immer die Lust an der Bewegung im Vordergrund, niemals verbissene Anstrengung.

Um sich von der trüben Ausstrahlung zu reinigen und die überschüssige Hitze und Feuchtigkeit aus dem Körper zu leiten, trinkt sie den *Tee für die kühle Göttin*. Dieser Tee kann ihr auch helfen, sich von einem Liebhaber zu befreien, der ihr nicht gut tut, denn der Tee sorgt dafür, dass die übermäßigen sexuellen Begierden nachlassen, ohne dass die sexuelle Kraft (die Essenz) geschädigt wird.

Sexualisierte Umgebung und Stimulanzien

Die Kaiserin setzt ihre Energie bewusst ein, denn sie möchte nicht mit dreißig Jahren verbraucht sein. Sie geht der Überstimulation durch untergründig erotisierende Literatur, wie Zeitschriften und billige Bücher, aus dem Weg. Sie wählt bewusst aus, welche Filme sie sich ansieht, und entscheidet sich nur für solche, die sie stärken. Sie schwimmt nicht mit dem Trend.

Unwiderstehliche Ausstrahlung

Erst wenn alle Klebrigkeit und jede quälende sexuelle Bedürftigkeit beseitigt ist, kommt der zweite Schritt: Die Kaiserin trennt sich von allen Klischees. Sie wird schamlos und sagt und tut, was sie will. Sie öffnet ihr Herz und zeigt sich der Welt. Niemals ist sie unterwürfig oder erbringt irgendwelche sexuellen Gefälligkeiten. Sie weiß, das wäre der Anfang vom Abstieg. Sie selbst, ihre Lust und ihre Freude sind der Maßstab für ihr Handeln. Nichts anderes. Die Kaiserin ist hemmungslos. Sie liest keine Ratgeber. Sie denkt an ihr eigenes Vergnügen. Sie trägt, was sie selbst mag und worin sie sich kaiserlich und erotisch fühlt. Sie genießt es, schöne Menschen zu betrachten und selbst wahrgenommen zu werden. Sie ist eine Kaiserin und lässt ihr eigenes Potential an Ausstrahlung und Schönheit nach außen treten.

Yin-Stärkung

Im Austausch mit anderen Frauen vermehrt die Kaiserin das eigene Yin und stärkt sich den Rücken. Das entstandene Netzwerk von Frauen gibt ihr Halt in dieser gefährlichen Phase ihres Lebens und bildet die Basis für spätere, kühnere Unternehmungen.
Die Kaiserin hält sich viel in der Natur auf, läuft dort barfuß und sorgt für einen guten Stand. Sie meditiert oder macht Qi Gong. Sie trägt Schuhe mit gutem Bodenkontakt und nicht welche, mit denen sie leicht ausrutscht. Die Kaiserin weiß, Yin stärken heißt auch wissen, was einem gut tut und nützt. Sie erkennt ihre eigenen Besonderheiten und lernt, sich abzugrenzen von äußeren Trends. Sie setzt ihre eigenen Zeichen und ruht in sich selbst.
Auch das eigene sexuelle Begehren gilt es auszuloten. Die Kaiserin hat ihre eigene Moral. Sie bevorzugt gleichaltrige oder jüngere Liebhaber, die ihre Kraft großzügiger verströmen als alte Männer. Sie verschwendet keine Mühe auf einen Mann, der es nicht verdient und der ihr keine Freude bereitet. Es geht ihr eher darum, ihre eigene Sexualität kennen zu lernen und zu genießen, als die Bedürfnisse eines (alten) Mannes zu befriedigen.

Exkurs: Vampirismus

Souverän ist es, die starke Kraft, die Yang-Energie, die die Kaiserin von Männern, aber auch von Pferden und schnellen Autos bekommen kann, auf eigene Art auszuleben. Dazu muss sie ihre weiblichen, intuitiven Kräfte, das Wasser, aktivieren. Ist dieses stark genug, wird die aggressive Energie des Eroberers verschluckt wie Schallwellen im Wasser. Das Wasser erhält dadurch Energie und neue Impulse, ohne seine eigene Qualität zu verlieren. Die aufgenommene Energie lässt sich nutzen, für jede Art von kreativer Betätigung. So weitet die Kaiserin ihren Blick und nutzt die kreative Kraft, um ihr eigenes Reich zu vergrößern, zum Schreiben, zum Malen, um ein eigenes Geschäft aufzubauen oder anderes mehr.

Nicht wenige männliche Künstler nutzen Frauen als Muse und Inspiration. Dies gelingt ihnen, weil sie als Künstler mehr Zugang zu ihrer Intuition und ihrem Unbewussten haben als die meisten anderen Männer. Nur auf dieser tiefen Ebene aber können sie Inspirationen erkennen und pflücken. Meist ist die expansive Holzenergie von Männern eher aggressiv und weniger kreativ und künstlerisch.

Frauen, dem »gefährlichen Wasser«, fällt das »Pflücken von Inspirationen« leichter, da sie mit Hilfe ihres Zyklus besser Zugang zu den verborgenen Kräften in ihrem Inneren finden können. Die Kanäle dafür öffnen sich zu Beginn der monatlichen Blutung. Daher sollten Frauen zu dieser Zeit für sich bleiben und vor allem sexuell enthaltsam sein, wenn sie diese Kräfte für sich behalten und vermehren möchten. (Vergleiche auch Kapitel 6: Menstruations-

magie.) Die zu anderen Zeiten aufgenommene sexuelle Energie der Männer wird nun Quelle der eigenen Inspiration. Der Mann wird sich angesichts dieser Kraft vielleicht zurückziehen oder gereizt reagieren. Dann weiß eine echte Kaiserin: Mehr kann er nicht bieten! Einklagen oder fordern sind vergeudete Zeit.
Frauen sind das dunkle, geheimnisvolle Wasser. Schwächere Männer, auch wenn sie oberflächlich betrachtet faszinierend und mitreißend wirken, haben Angst vor dieser Tiefe.
»Gibt ein Mann dir alles her, lass ihn fahren, denn er hat nicht mehr.«*
Jüngere Männer geben meist mehr. Darum weiß die Kaiserin um die Vorteile des jungen, anhänglichen und weichen Mannes. Mit ihm macht es der jungen Kaiserin Freude zu experimentieren, er ist flexibel und kann sich dem Spiel noch völlig hingeben. Er ist verspielt und nimmt sich Zeit zum Üben, wo er noch nicht so viel Erfahrung hat. Junge Männer sind reich an Essenz und Yang-Energie, die sich in Herzlichkeit, Phantasie und Begeisterungsfähigkeit zeigt. Sie brüsten sich nicht mit ihrer »Erfahrung«, sondern sind begierig darauf, welche zu machen. Ein an Jahren junger Mann, der diese Eigenschaften nicht besitzt, ist als »alt« zu verwerfen (und umgekehrt!).
Die Kaiserin, die auf einen Liebhaber (noch) verzichten möchte, versäumt nichts. Denn sie wählt den sicheren Weg. Auf keinen Fall aber sollte sie auf den Austausch

---

* Frei nach B. Brecht, einem Meister des künstlerischen Vampirismus, das heißt ein Meister im Anzapfen fremder Energien und Inspirationen.

zwischen Frauen verzichten. Dies ist der Weg der Kaiserin. Sie erkennt, was sie braucht, und nimmt es sich, in Ruhe und mit der für sie nötigen Zeit.

Das nimmt die Kaiserin zur Reinigung

Dieser Tee entfernt das Trübe. Er hilft gegen Klebrigkeit, feuchte Wärme und Ausfluss. Er leitet Feuchtigkeit und Hitze aus, macht klar und reinigt.

Kaiserinnenelixier: *Tee für die kühle Göttin*

Cortex Ailanthi	60 g
Semen Biotae	15 g
Rhizoma Coptidis	15 g
Cortex Phellodendri	15 g
Rhizoma Cyperi	30 g
Radix Paeoniae lactiflorae	30 g
Radix Angelicae dahuricae	6 g
Radix Atractylodis macrocephalae	30 g

Die Menge reicht für eine Woche. Der Tee soll dreimal täglich vor dem Essen getrunken werden, aber nicht länger als eine Woche. (Zur Zubereitung siehe Seite 249 ff.)

Das nimmt die Kaiserin, um ihre Ausstrahlung zu erhöhen

Dieser Tee sorgt für magische Ausstrahlung und Wohlgeruch – ganz ohne Parfüm. Er wirkt jedoch erst, wenn zuvor die trübe Ausstrahlung beseitigt wurde. Der Tee stimuliert und klärt. Der edle Duft entwickelt sich jedoch nur, wenn die Kaiserin wenig Fleisch und industrielle Nahrungsmittel zu sich nimmt.

Kaiserinnenelixier: *Duftelixier*

Radix Angelicae dahuricae	45 g
Radix Angelicae sinensis	30 g
Pericarpium citri maturi (chenpi)	45 g
Semen Benincasae	60 g
Radix Ligustici (gaoben)	30 g
Herba Asari	30 g
Cortex Cinnamomi	30 g

Diese Menge reicht für eine Woche. Der Tee wird dreimal täglich nach dem Essen getrunken. Die Wirkung tritt nach einer Woche ein. (Zur Zubereitung siehe Seite 241 ff.)

Kaiserinnensätze

- Die Kaiserin verschwendet keine Mühe auf einen Mann, der ihr keine Freude bereitet.
- Die Kaiserin bleibt in Bewegung.

- Die Kaiserin schwimmt nicht mit dem Strom.
- Die Kaiserin ist schamlos.
- Die Kaiserin bevorzugt jüngere Liebhaber.
- Die Kaiserin entscheidet sich dafür, gesehen zu werden.

4

Klosterzeit
Wasser – Yin-Niere –
Weg nach innen

Im Jahre 649 stirbt der alte Kaiser Tai Zong. Sein ganzer Harem, alle Frauen, Nebenfrauen und Konkubinen, und alle Dienerinnen müssen den Hof verlassen, sie werden ins Kloster geschickt. Lang ist die Reise und beschwerlich. Das Kloster Ganye liegt umgeben von tiefen Wäldern in den Bergen. Unter den Frauen auch Wu Zhao. Neuer Kaiser wird Gao Zong, an seiner Seite die Kaiserin Wang.

Die Haare, Wolkenhaarpracht, werden den Frauen geschoren, die prunkenden Kleider genommen und Sackleinen, Klostertracht, gereicht. Jammern, Klagen und Hadern verhallen in den Klostermauern. Die Frauen dürfen nicht singen, nicht tanzen, keine Feste feiern, keine Pferde reiten. Lebendig begraben. Klagen dringt durch die Hallen des Klosters und verstummt in Verzweiflung. Wer möchte da noch leben? So denkt auch Wu Zhao und findet keinen Schlaf.

Doch die Nonne der Heilkräuter erwählt Wu Zhao zu ihrer Hilfe. Unkraut rupfen im Kräutergarten, Hölzer sortieren, Gefäße füllen, tagein, tagaus. Wu Zhao hat keine Freude, sie arbeitet. Wurzeln sammeln, wiegen, mörsern. Keine Gedanken mehr, Wu Zhaos Leben ist angefüllt mit Sortieren, Ordnen, Abwiegen.

In der Klosterbibliothek findet Wu Zhao ein altes Rezept.

Zinnoberelixier, *um in die Tiefen zu tauchen, liest sie. Tiefe,
denkt Wu Zhao, die Tiefen des Vergessens.*
*Sie liest das Blatt wieder und wieder, und in der Nacht, allein
zwischen Kräutern und Tiegeln, braut Wu Zhao das Elixier.
Doch die Nonne der Heilkräuter sieht Wu Zhao.*
»Was tust du?«, fragt sie.
Wu Zhao zeigt nur das Blatt Zinnoberelixier. *Da lacht die
Nonne, wird ernst und spricht: »Erneuerung entsteht aus der
Tiefe. Zinnober kann man essen und trinken, aber auch
atmen, lesen und denken. Am stärksten wirkt es durch den
Geist. Merke dir, Wu Zhao, die stärkste aller Wirkungen hat
der Geist!«*
*Die Nonne der Heilkräuter öffnet einen Schrank und reicht
Wu Zhao ein Buch.* Das Buch der Nonne.*
*»Lies darin, Wu Zhao«, spricht sie, »und studiere den Weg
der Frauen.«*
*Wu Zhao studiert den Weg der Frauen und verzagt. Zur
Nonne spricht sie: »Ich habe den Weg der Frauen verstanden. Ich aber bin eine Nonne. Wie soll ich ihn gehen ohne
Mann?«*
*Da lacht die Nonne, wird ernst und spricht: »Yin und Yang,
wer könnte sie trennen? Yang-Essenz kannst du von Männern
erhalten. Doch Yang-Essenz lebt auch in dir. Daher ist es tausendmal besser, keinen Mann zu haben, als einen schlechten.
Merke dir, Wu Zhao, die stärkste aller Wirkungen hat der
Geist! Übe das Sitzen in Stille, und du wirst den Weg des
inneren Zinnobers zu gehen verstehen. Mit Mann und ohne
Mann. Wie es dir beliebt, und wie dein Weg es erfordert.
Finde Erneuerung aus der Tiefe, und gehe deinen Weg.«*

---

* Das *Buch der Nonne* findet sich auf Seite 111 ff.

Wu Zhao hat Freude, sie arbeitet. Kräuter sammeln, wiegen, mörsern, sortieren. Substanzen, die Tod und Leben bringen, werden ihr vertraut. Wu Zhao weiß, dies ist jetzt. Später ist später. Wu Zhao wird ruhig und wissend, sie geht den Weg des inneren Zinnobers.

Scheitern

Frauen scheitern, Frauen scheitern immer wieder, scheitern an den eigenen Ansprüchen, dem eigenen Perfektionismus. Scheitern an der Realität und am Unverständnis anderer Menschen. Hochfliegende Pläne lassen sich nicht in die Tat umsetzen, Hoffnungen zerplatzen, Wünsche bleiben unerfüllt – und Traumprinzen entpuppen sich als Frösche. Manchmal liegt wenig zwischen Gelingen und Scheitern. Ein Zufall, ein falsches Wort, eine unpassende Bemerkung, eine vertauschte Zahlenkombination oder ein fehlendes Komma.

Obwohl oft so wenig zwischen Scheitern und Gelingen liegt, geben viele Frauen nach Misserfolgen auf und entscheiden sich für ein Dasein in Routine und Phantasielosigkeit. Das tun sie aus Angst, noch einmal die Schmerzen des Scheiterns zu erleben. Aus unkonventionellen, hoffnungsvollen und vor Ideen übersprudelnden Schulabgängerinnen werden angepasste, konservative Damen ohne Lebendigkeit und ohne Pep. Ihr Leben wird von Angst bestimmt. Da die meisten Menschen immer wieder einmal Enttäuschungen erleben und die Erfahrung des Scheiterns machen, wird die Angst mit zunehmendem Alter zum beherrschenden Lebensgefühl.

Auch die Pläne und Visionen einer Kaiserin können scheitern. Manchmal ist sie buchstäblich weg vom Fenster. Niemand will etwas von ihr wissen. Ihr Können und ihre Ideen sind nicht gefragt. Die Bank verweigert den Kredit. Für das Arbeitsamt ist sie nichts als eine weitere Nummer. Ihre Wohnung wird gekündigt, Liebhaber verlassen sie und angebliche Freundinnen wenden sich von ihr ab.
Visionen brauchen ihre Zeit. Wenn die ihnen zugrunde liegende Nierenkraft – der Wille – stark verwurzelt ist, erneuern sie sich, gleichgültig wie intensiv die Erfahrung des Scheiterns war. Diese Erneuerung geschieht von selbst. Die Kaiserin kann dazu nichts tun. Sie weiß, es gibt Zeiten für aktives Handeln und Zeiten, da ist es besser zu ruhen. Manchmal heißt es eben, es hat nicht geklappt. Wichtig ist, dass sie sich jetzt nicht selbst aufgibt und aus tiefer Verzweiflung etwas tut, was ihr gar nicht entspricht. Stattdessen konzentriert sie sich auf das Wesentliche und stärkt ihre innere Kraft, indem sie bewusst Abstand von ihrem gewohnten Leben nimmt. Rückzug und Meditation. Erneuerung entsteht aus der Tiefe. Was Bestand hat, wird bleiben. Eine Kaiserin hat keine Angst vor dem Nichts.

Das passiert energetisch

In allen lebendigen Systemen wechseln die Zeiten der Aktivität mit Zeiten der Ruhe ab. Yang und Yin wechseln unaufhaltsam. Der Winter entspricht der Zeit der Ruhe, dem tiefsten Yin. In dieser Zeit erneuert sich unter der Erde die Kraft der Wurzeln. In manchen Jahren kommt es vor dem Winter zu Stürmen oder einem Waldbrand, so dass alles oberirdische Leben vernichtet wird. Auch nach solchen Katastrophen bleiben die Wurzeln der kräftigsten Pflanzen unter der Asche erhalten. Im Winter sammeln sie ihre Kräfte erneut, speichern Nährstoffe und Feuchtigkeit, und im Frühling werden sie, nun ungestört von überschießendem Unkraut, Schädlingen und struppigem Unterholz, umso kräftiger austreiben. Wirklich starke Pflanzen profitieren also letztendlich sogar von einer Katastrophe. Dort, wo der Wille stark und tief genug verwurzelt war, kann er sich nach schwerwiegenden Rückschlägen erneuern. Albernheiten und unwichtige Pläne werden zurückgelassen und alle Kraft auf das Wesentliche konzentriert. Bei Plänen und Projekten treten immer wieder Phasen des Stillstandes ein. Kaiserinnen wissen darum und nutzen solche (erzwungenen) Ruhepausen zur Stärkung ihrer Wurzeln. Sie verzetteln sich nicht in blindem Aktionismus und verstecken sich nicht hinter Pflicht und Routine. Sie haben keine Angst vor dem Nichts.

Im Jahre 649 wurde eine kleine, unbedeutende Konkubine, die träumte, einmal Kaiserin zu werden, ins Kloster geschickt. Körperlich heil und unversehrt, aber ohne jede Perspektive.
Vor der Zeit des Kaisers Tai Zong wurden nach dem Tode eines Herrschers alle seine Frauen, Nebenfrauen und Dienerinnen mit ihm begraben. In der Tang-Zeit wurden die Frauen beim Tode des Kaisers nur noch ins Kloster geschickt. Die Aufnahme in ein buddhistisches Kloster bedeutete den völligen Verlust von Individualität. Jegliche Kontaktaufnahme zu Freunden und Verwandten aus

ihrem früheren Leben war untersagt. Für ihre Familie galten sie als tot. Alles, was eine Frau vorher gewesen war, sollte ausgelöscht werden. Um dies zu unterstreichen, wurden den Novizinnen die Haare geschoren. Kräftiges Haar galt in China als Zeichen einer kräftigen Nierenenergie, die mit kräftiger Lebensenergie und einer langen Lebenserwartung gleichgesetzt wurde. Die Aufnahme ins Kloster war ein symbolischer Tod.
Für Frauen, die sich von den Illusionen und Schmerzen ihres früheren Lebens befreien wollten und nach Erleuchtung suchten, war der Eintritt in ein buddhistisches Kloster ein Weg der Hoffnung. Für Frauen, die hier zwangsweise interniert wurden, wie die Frauen der toten Kaiser, war es lebendiges Begrabensein.

Bei schwachen und willenlosen Frauen kann es geschehen, dass sie nach dem Scheitern ihrer jugendlichen Träume für den Rest ihrer Jahre enttäuscht dahinleben – wie Konkubinen in einem Kloster. Während sie sich selbst und ihrer Umwelt einreden, sie akzeptierten nur die Tatsachen, sterben sie in Wirklichkeit innerlich ab. Das Licht in ihren Augen erlischt. Was folgt, ist ein langes Warten auf den Tod. Nur gelegentliche Wehmut erinnert an vergangene Pläne und Phantasien.
Es ist nicht leicht, nach Verlust und Scheitern lebendig zu bleiben. Nachdem sich in der Übergangsphase des Herbstes, der Zeit der Trauer, die Aufregung gelegt hat und das Hadern mit dem Schicksal verstummt ist, kommt dem Winter, der völligen Hingabe an die Leere, besondere Bedeutung zu. Hier gilt es, nicht am unwiederbringlich Zerstörten festzuhalten, sondern sich auf die eigenen

Wurzeln, das »wahre Ich« zu konzentrieren. In äußerster Stille und Konzentration regeneriert sich die Nierenkraft, der Wille. Dies ist ein harter Weg, auf dem jede Ablenkung verboten ist. Im alten China wurden diejenigen, die diesen Weg zu gehen verstanden, so auch der Arzt Sun Simiao, »wahre Menschen« genannt. Ein anderer Ehrenname war: »Die, die Leere verstanden haben«.

Der klassische Weg, die Leere zu verstehen und zu ertragen, ist die Meditation. Chinesische Kräuterelixiere können die Meditation unterstützen, indem sie die Asche der toten Träume herunterkühlen und den Willen festigen.

Wenn der Wille stark und fest verwurzelt ist, regeneriert sich die Nierenkraft, die Essenz, die sexuelle Energie und Ausstrahlung. Und im Frühjahr werden neue Triebe aus den Wurzeln schlagen. Umgekehrt ist die Voraussetzung für intensiven Sex das völlige Abwerfen von allen Äußerlichkeiten, Gedanken, Bindungen und Verpflichtungen und das tiefe Versenken in sich selbst. Nierenenergie heißt sterben und wieder geboren werden.

Das Bild

Es gibt Ereignisse, die gehen an die Nieren. Dazu gehören berufliches Scheitern, intensive Angst, unerwartetes Verlassenwerden und das Scheitern einer Liebe. Irgendetwas zerbricht. Die Luft bleibt weg. Die Knie werden weich. Es ist ein kleiner Tod.

Nicht immer ist gewiss, ob das Leben nach solch einem Einschnitt weitergehen wird. Ist die Kraft der Nieren, die Essenz, schwach, kann es ein Sterben für immer sein, auch dann, wenn der Körper noch einige Jahre auf der Welt verharrt. Angst breitet sich aus, deckt alles zu und verhindert jede lebendige Regung. Die Betroffene sagt sich: Dies soll mir nicht noch einmal passieren. Darum verhält sie sich in Zukunft vorsichtig und still. Sie beginnt nichts Neues mehr, vermeidet es, sich neuen Menschen zu öffnen, und schützt ihre Restexistenz, indem sie die äußere Fassade bewahrt.

Nicht wenigen Menschen entgleitet so nach schwerwiegenden Rückschlägen ihr gesamtes Leben – gerade weil sie so krampfhaft daran festhalten. Sie verlieren ihre Lebensfreude und finden sich mit einem langweiligen, aber vermeintlich sicheren Dasein ohne Herausforderungen ab.

Die Seele, die die Nieren bewohnt, ist der Wille. Angst, Verzweiflung, Schock und schwerer Verlust schädigen eine zu schwache Nierenseele. Manchmal ist dies daran zu erkennen, dass die Haare, Ausdruck der Nierenkraft, buchstäblich über Nacht weiß werden. Die Zähne beginnen zu wackeln. Das Rückgrat biegt sich. Wird der Wille durch zu starke Angst unwiderruflich geschädigt, folgen geistloses Dahinvegetieren und nicht selten der körperliche Tod.

Um ihr Leben neu zu beginnen, müssen die Betroffenen zunächst der völligen Zerstörung ihres bisherigen Lebenskonzepts ins Auge sehen und sich auf ihre eigenen Wurzeln besinnen. Angst hält sie oft davon ab, diesen Schritt zu tun. Sie ziehen es vor, in einer Art Todesstarre zu verharren, und leben in panischer Furcht vor jeder noch so kleinen Veränderung. Emotionen und Hoffnungen werden nicht mehr zugelassen. Nehmen die Ängste und die

Verzweiflung zu, verhelfen sie sich mit Antidepressiva und intensivem Fernsehkonsum zu einer Art Scheindasein.

Exkurs: Zinnober

Zinnober, Quecksilbersulfid, mit seiner leuchtend roten Farbe, der Farbe des Sonnenaufgangs und des Sonnenuntergangs, galt den Alchimisten im alten China als etwas Besonderes.

Die Energiezentren des Körpers wurden daher auch Zinnoberfelder genannt. Das untere Zinnoberfeld liegt im Zentrum des Unterleibs, hier wurzelt die Nierenkraft, der Wille. Das mittlere Zinnoberfeld befindet sich hinter dem Brustbein, hier sitzt die Herzkraft, die Liebe und die Freude. Das obere Zinnoberfeld sitzt hinter den Augen, von hier aus strahlt das Licht der Erkenntnis.

Je kräftiger diese Zentren waren, umso mehr wurde der ganze Mensch von ihrem Leuchten durchdrungen. Die »wahren Menschen«, so sagten die Alchimisten, bestanden ganz aus Zinnober und warfen ihr altes Ich von sich wie eine Schlangenhaut.

Viele Menschen verstanden den geheimen Sinn dieser Vorstellung nicht und versuchten den Prozess einzuleiten, indem sie große Mengen an Zinnober zu sich nahmen. Der Arzt Sun Simiao betonte, dass Elixiere und Medikamente der Behandlung von Krankheiten vorbehalten sind. »Wahre Menschen« heilten sich durch den Geist. Dies wurde der Weg des inneren Zinnobers genannt.

Dennoch bleibt unbestritten, dass Farben eine starke Wirkung auf die inneren Prozesse besitzen. Die traditionellen chinesischen Zinnoberpillen waren in leuchtendes Zinnober gehüllt. Die Vorstellung derjenigen, die sie einnahmen, wurde damit gezielt auf die allen Chinesen bekannten Zinnoberfelder gerichtet und verstärkte so die geheimnisvolle Wirkung der Medikamente.

Moderne Kaiserinnen können ihr Elixier zur Meditationsvorbereitung aus einer zinnoberroten Tasse trinken.

Das tut die Kaiserin

Die Kaiserin blickt ihrer Angst ins Auge. Sie akzeptiert, was ist und was nicht mehr ist. Sie ist gescheitert, verlassen, völlig abgebrannt und ohne jede erkennbare Perspektive. Sie weiß, sie steht vor dem Nichts. Daher weiß sie: Es ist Zeit, nach innen zu gehen, Zeit, zu meditieren und anzunehmen, was ist. Sie drückt sich nicht vor der Erfahrung der Leere, sondern sucht sie bewusst.

Die Kaiserin weiß auch, wenn sie stark genug ist, diese Krise zu meistern und diesem Untergang ins Auge zu blicken, werden neue Kräfte wachsen und neue Visionen entstehen, bunter und kühner als die zerstörten und vielleicht auch etwas weiser.

Darum akzeptiert die Kaiserin ihre spirituelle Winterphase ohne Angst und ohne zu zögern. Sie weiß, es gibt keinen anderen Weg und sie weiß auch: Alles hat seinen Sinn. Wenn sie wirklich eine Kaiserin ist, wird sie diese Zeit überleben, um den Sinn zu erkennen, der jetzt noch im Dunkel liegt. Daher sammelt sie ihre Kraft. Meditation hilft ihr dabei. Neben dem bekannten »Stillsitzen« der klassischen Meditation sind auch andere Wege nach innen möglich: Wandern, Bergsteigen, Freeclimbing, Sahara durchqueren, Einhandsegeln.

So taucht die Kaiserin in die Tiefe

Ursprünglich war das Zinnoberelixier eine Pille, die mit Zinnober überzogen wurde. Moderne Kaiserinnen brauen das Zinnoberelixier, um in die Tiefe zu tauchen, und trinken es in seelischen Belastungssituationen zur Beruhigung und zur Unterstützung der Meditation – wenn möglich aus einer zinnoberroten Tasse.
Das Elixier wirkt beruhigend bei auflodderndem Herzfeuer und bei Mangel an Yin mit Symptomen wie innere Erregung, Schlaflosigkeit, unruhige Träume, Schreckhaftigkeit, Zittrigkeit und Nervosität. Es unterstützt die Meditation, indem es immer wieder auflodernde Schwelbrände des Haderns mit dem Schicksal und Festhalten an flüchtigen Illusionen auskühlen lässt und die Nierenkraft verwurzelt.

Kaiserinnenelixier: *Zinnoberelixier, um in die Tiefe zu tauchen*

Rhizoma Coptidis	18 g
Radix Glycyrrhizae praeparatae	16 g
Radix Rehmanniae viridis	8 g
Radix Angelicae sinensis	8 g

Dies ist eine Tagesmenge. Der Tee wird zur Unterstützung der Zinnobermeditation vor der Meditation getrunken. Als Beruhigungsmittel wird er vor dem Essen eingenommen. Er beruhigt und nimmt Ängste. Für diese Zwecke kann er drei Tage lang dreimal täglich getrunken werden. Später kann dieser Tee auch in »Notsituationen« zur Beruhigung getrunken werden. Für diesen Tee gilt wie für alle chinesischen Kräutertees: keine Dauereinnahme! (Zur Zubereitung siehe Seite 249 ff.)

Exkurs: die Zinnobermeditation

Warnung: Die Zinnobermeditation ist sehr kraftvoll. Daher kann ihre Wirkung sehr tief gehend sein. Aus diesem Grund wurde sie in China lange geheim gehalten und nur unter Anleitung erfahrener daoistischer Meisterinnen und Meister praktiziert. Die Meditation besteht aus mehreren Teilen. Die Kaiserin kann sich so Schritt für Schritt an die Zinnobermeditation herantasten.

Wir werden hier nur die Teile der Meditation vorstellen, die auch ohne persönliche Anleitung geübt werden können. Auch für diese Teile gilt: Die Kaiserin erzwingt nichts und lässt sich die Zeit, die sie braucht.

Der Zweck dieser Meditation ist, die Kaiserin zu stärken, sie zentriert in der eigenen Mitte ruhen zu lassen. Außerdem ist die Zinnobermeditation eine gute Basis für daoistischen lebensverlängernden Sex, wie er im *Buch der Nonne* steht.

Diese Meditation ist nicht gedacht für Menschen, die psychisch labil sind oder unter starken emotionalen Problemen leiden. Diese Meditation ist für Kaiserinnen! Wenn sich eine Abwehr oder Abneigung gegen die Meditation einstellt, hat dies seine Berechtigung, und die Meditation sollte abgebrochen werden.

Bei dieser Meditation ist es wichtig, völlig wach zu bleiben. Visionen oder Bilder, die in anderen Traditionen vielleicht erwünscht sind, sollen nicht entstehen. Es geht um völlige Klarheit und nicht um das Erhaschen flüchtiger Bilder. Eine Kaiserin übt hundert Tage lang, jeweils so lange, wie ein Räucherstäbchen zum Abbrennen braucht, oder so lange, wie die Kaiserin es für richtig hält. Dies ist eine Meditation für Kaiserinnen und keine Entspannung! Die vorbereitenden Übungen sind Grundvoraussetzung für die Meditation. Wer diese nicht beherrscht, wird nichts von der eigentlichen Zinnobermeditation haben. Darum sollten sie gründlich geübt werden. Dies kann je nach Erfahrung einige Tage bis einige Wochen dauern.

Das völlige Beherrschen der vorbereitenden Übungen, vor allem das Kraftsammeln und das Versiegeln des Yin, hat große Vorzüge: Eine Kaiserin, die in der Lage ist, sich in jeder Lebenssituation für kurze Zeit von der Umgebung abzukapseln, ruhig zu werden und ihr Yin zu versiegeln, gewinnt enorme Selbstkontrolle und kann jederzeit auf ihre inneren Kraftreserven zurückgreifen, auch wenn um sie herum alles in Aufruhr ist. Dazu ist es sehr hilfreich, das Sammeln und Versiegeln des Yin im Laufe des normalen Alltags häufiger zu üben. Die Fähigkeit, das Yin zu versiegeln, hilft, die Organe des kleinen Beckens (Blase, Uterus, Enddarm), »Yin-Organe« genannt, vor Senkungen und Schwäche zu schützen.

Im Gegensatz zur vollständigen Zinnobermeditation dürfen die vorbereitenden Übungen während der Menstruation und der Schwangerschaft praktiziert werden.

Die Reise zum inneren Zinnober

Die vorbereitenden Übungen

Bevor die Kaiserin sich auf die Reise macht, sorgt sie dafür, dass sie völlig ungestört bleibt, dass der Raum die richtige Temperatur hat, kein Telefon klingeln kann und Ähnliches. Indem sie den äußeren Raum gestaltet, wirkt sie auf den inneren. Alles andere, was wichtig ist, hat sie erledigt. So können ihre Gedanken ruhig werden. Ein idealer Zeitpunkt ist Mitternacht, wenn das tiefste Yin in junges Yang umschlägt, oder der frühe Morgen, bevor die Sonne aufgeht. Durch die Yin-stärkende Wirkung wird der fehlende Schlaf ersetzt.

Wenn die Kaiserin innerlich sehr unruhig ist, bereitet sie vor ihren ersten Sitzungen den Tee *Zinnoberelixier* zu.

Die Position

Die Kaiserin setzt sich in den einfachen oder doppelten Lotussitz. Dafür sitzt die Kaiserin wie im Schneidersitz und legt einen Unterschenkel (einfacher Lotussitz), besser beide Unterschenkel auf die Oberschenkel (doppelter Lotussitz). Der Rücken ist in dieser Position gerade. Aber die Kaiserin geht nicht ins Hohlkreuz. Wenn sie in dieser Position nicht so geübt ist, kann sie auf einem kleinen Kissen sitzen. Es ist auch möglich, zunächst im Schneidersitz zu üben und dann später (während der Meditation oder im Laufe mehrerer Wochen) allmählich in den Lotussitz zu wechseln. Wer dies nicht kann, sitzt auf einem Stuhl. Wichtig ist, dass die Position entspannt eingenommen wird.

Die Hände liegen locker im Schoß. Der Atem geht gleichmäßig und entspannt. Arme, Schultern, Stirn und Gesichtszüge sind locker. Die Zunge liegt am oberen Gaumen.

Alternativposition für die kranke oder schwache Kaiserin (Gefahr des Einschlafens): auf der rechten Seite liegen, den Kopf auf den angewinkelten Arm gestützt.

Die Augen sind halb geschlossen und blicken entspannt in Richtung der Nasenspitze. Der Blick ist weder nach innen noch nach außen gerichtet. Der Geist ist wach und aufmerksam.

Kraft sammeln

Wenn die Kaiserin zum Einstieg in die Meditation das *Zinnoberelixier* einnehmen möchte, nimmt sie es jetzt in kleinen Schlucken zu sich und stellt sich bei jedem Schluck vor, dass die zinnoberrote Kraft langsam bis zu dem unteren Zinnoberfeld, zwei Fingerbreit unterhalb ihres Nabels, hinuntersinkt. Auf dem Weg nach unten wird von dem Elixier alle Unruhe mitgenommen und abgekühlt. Das Qi, der Energiefluss, sinkt nach unten. So klärt sich die Kaiserin und sammelt Kraft.

Innerlich ruhige oder bereits geübtere Kaiserinnen meditieren ohne Hilfe durch das Elixier. Dies geht so: Speichel, so genanntes Jadewasser, wird im Mund gesammelt und in kleinen Portionen hinuntergeschluckt. Die Vorstellung des Absenkens und Kraftsammelns bleibt die gleiche. Das *Zinnoberelixier* trinkt die Kaiserin nicht länger als drei Tage, danach meditiert sie mit Jadewasser.

Das Versiegeln des Yin

Die Zinnobermeditation dient der Stärkung der Wurzelkraft, des Yin, und ist eine wichtige Grundlage, um Sex, wie er im *Buch der Nonne* steht, zu praktizieren. Dabei ist es essentiell, das Yin nach unten hin zu versiegeln, damit es nicht verloren geht. Dazu richtet die Kaiserin ihre Aufmerksamkeit auf den Akupunkturpunkt »die Vereinigung im Yin«, der auf dem Damm, in der Mitte zwischen Vagina und Anus, liegt.

Dies ist derselbe Punkt, mit dem auch das Yin beim Mann versiegelt werden kann, wenn frühzeitige Ejakulation droht, und von dem es im Buch der Nonne heißt: »Die weise Frau aber kennt den Punkt am Damm des Mannes, wo all sein Yin sich versammelt. Diesen drückt sie fest mit den Fingern. Zu hitziges Qi sinkt dann ab.«

Für die Meditation wird der Punkt nicht gedrückt, sondern der Damm in der Vorstellung nach oben gezogen. Das Gefühl gleicht in etwa dem beim Anhalten des Urins. Wer diese Bewegung nicht ganz nachempfinden kann, kann zunächst versuchen, beim Wasserlassen den Strahl mehrmals zu unterbrechen. Genau dieselbe Bewegung versiegelt das Yin. Allerdings werden dazu keine Muskeln, sondern nur die Vorstellungskraft in Bewegung gesetzt.

Als Nächstes stellt sich die Meditierende einen sanften Strom vor, der, wie die Säule eines Springbrunnens, vom Damm in das Steißbein zieht und von dort die Wirbelsäule bis zur Höhe der Taille nach oben steigt. Von hier aus dringt der Strom nach und nach in den Bauchraum ein und verteilt sich dort. Unaufhörlich fließt nun Yin-Kraft in der Dammgegend zusammen, steigt in der Wirbelsäule nach oben und fließt von dort in den Bauch.

Am Anfang kann der Strom öfter hängen bleiben und an manchen Stellen nicht so gut vorbeifließen. Dies sind meistens schwache oder kranke Stellen des Rückens, Blockaden, nicht selten auch schmerzhaft. Hier hilft es, den Strom zuerst tröpfchenweise und ganz sanft vorbeifließen zu lassen. Nach und nach wird der Rücken freier und wärmer und der Strom fließt ohne Blockaden. Mit der Zeit stellen sich erfreuliche Nebenwirkungen ein.

Rückenschmerzen verschwinden

Oft reicht es, bei Rückenschmerzen oder dem berühmten »schwachen Kreuz« einige Zeit diese Übung zu machen, und die Durchblutung des Rückens wird verbessert, die Schmerzen verschwinden und die angeblich abgenutzten Wirbel machen keinerlei Beschwerden mehr!

Behebung von Frauenleiden

Frauen, die es verstehen, ihr Yin zu versiegeln, bleiben vor Senkungsbeschwerden, übermäßiger Blutung und Inkontinenz im Alter verschont.

Vermehrte sexuelle Ausstrahlung und Kraft

Die Versiegelung des Yin hilft, die weibliche sexuelle Kraft, das Yin, bis ins Alter zu bewahren. Die Kaiserin Wu, die auch nach mehreren Geburten und bei einem äußerst anstrengenden und aufreibenden Lebensstil bis ins Alter ihre sexuelle Attraktivität und Lust bewahrte, ist ein gutes Beispiel dafür.

Eine besondere Qi-Gong-Übung daoistischer Frauen zur intensiven Stärkung der Yin-Kraft soll hier nicht unerwähnt bleiben: das Spiel mit den Jadekugeln. Dazu wurden Kugeln unterschiedlicher Größe in die Vagina eingeführt. An den Kugeln war, wie an einem Tampon, ein Band befestigt, das mit Gewichten beschwert wurde. Die Übende stand nun mit gespreizten Beinen und gebeugten Knien und versuchte im Rahmen einer Qi-Gong-Übung, die Kugeln in ihrem Körper zu halten und leicht nach oben zu ziehen. Nach und nach wurden immer schwerere Gewichte an die Kugeln gehängt, wodurch der Beckenboden der Übenden sich immer mehr kräftigte. Dies half ihr nicht nur, ihr Yin völlig zu versiegeln und somit ihre Kräfte zu vermehren, es war auch eine vorbereitende Übung für die daoistische Liebeskunst, bei der die Frauen ihre männlichen Partner gewissermaßen einsaugen sollten.

Auch bei dieser Übung war es essentiell, trotz der Gewichte nicht der Versuchung zu erliegen, mit den Muskeln zu arbeiten, sondern ausschließlich mit der Vorstellungskraft, die in jedem Falle stärker ist als noch so gut trainierte Muskeln!

Menstruation:

Während der ersten Tage der Menstruation, bei der physiologischerweise etwas Yin-Essenz in Form von Blut ausfließt, und kurz davor ist die Übung verboten. Die beste Zeit zum Beginn der Übung ist unmittelbar nach dem Versiegen der Blutung. Frauen, deren Blutung zu lange dauert, zu stark ist, die immer wieder Zwischenblutungen haben, können dies mit den vorbereitenden Übungen kurieren, die auch während der Menstruation praktiziert werden können.

Schwangerschaft

Die drei vorbereitenden Übungen werden während der Schwangerschaft empfohlen. Von der vollständigen Zinnobermeditation raten wir dringend ab, da die Durchblutung im Unterleib durch sie stark beeinflusst wird.

Die Zinnobermeditation

Warnung: Die Zinnobermeditation sollte erst begonnen werden, wenn die vorbereitenden Übungen völlig beherrscht werden. Nur so ist gewährleistet, dass die Kaiserin sich bei ihrer Reise nicht in Traumbildern verliert oder kostbare Yin-Essenz verloren geht.

1. Schritt: das untere Zinnoberfeld

Die vorbereitenden Übungen werden jetzt vertieft und die beiden Energieströme, das absinkende Qi (Kraft sammeln) und das aufsteigende Qi (Versiegeln), miteinander verbunden. Dies geschieht wie von selbst. Die Kaiserin beobachtet, wie die beiden Energieströme zusammenfließen und einen zirkulierenden Energiestrom ergeben. Die Kraft sammelt sich im unteren Zinnoberfeld. Dies ist ein Raum mitten im Unterleib, zirka zwei Fingerbreit unterhalb des Nabels. Dieser Raum ist je nach Verfassung und Übungserfahrung von unterschiedlicher Ausdehnung. Die Kraft im Zinnoberfeld hat eine Farbe, die zunehmend leuchtender wird und so ähnlich aussieht wie eine Taschenlampe, die man durch die Finger scheinen lässt. Sie ist wunderschön und strahlt von innen heraus.

Die zinnoberrote Kraft zirkuliert im Bauchraum und wird

dabei zunehmend stärker. Es entsteht ein starkes Kraftfeld – wie ein roter Ball. Der Unterleib wird warm.
Vorsicht: In jedem Fall muss das Yin versiegelt bleiben. Nichts darf ausströmen!

Um die Meditation an dieser Stelle abzubrechen, lässt die Meditierende das zinnoberrote Licht langsam verblassen, bis nichts mehr davon zu sehen und wieder völlige Dunkelheit und Kühle eingekehrt ist. Danach legt sie die Hände auf den Nabel und atmet noch einige Atemzüge lang entspannt weiter. Dabei achtet sie besonders darauf, das Yin zu versiegeln. Sie wendet sich erst dann wieder anderen Tätigkeiten zu, wenn die gesamte zinnoberrote Farbe erloschen ist.

Hinweis: Wenn sie mag, aber nur wenn sie geübt genug ist, kann die Kaiserin während dieses ersten Schrittes beginnen, Sex mit einem Mann zu haben, wie im *Buch der Nonne* beschrieben. Selbstverständlich kann sie dabei die Position wechseln. Es geht hier darum, den energetischen Zustand der Meditation in die Sexualität mit hineinzunehmen. Wenn dies gelingt, wird die Erfahrung besonders intensiv und essenzvermehrend sein. Dazu saugt die Kaiserin den Penis des Mannes wie beim Versiegeln des Yin in sich auf. Je stärker es ihr gelingt, das Yin zu versiegeln, umso mehr Essenz wird sie dem Mann entlocken – vorausgesetzt er ist »jung und reich an Essenz«. Die Essenz wird in ihren eigenen Kraftstrom eingeleitet und verstärkt den Kraftwirbel, den Energiestrom. Ihr Unterleib wird nun warm, und sie gewinnt sehr viel Kraft. Voraussetzung dafür ist, dass sie auch bei dieser Übung darauf achtet, ihr

Yin jederzeit zu versiegeln und ihre Emotionen klar und kühl zu halten.

Dies ist eine Qi-Gong-Übung und sollte nur mit Erfahrung und nur mit den richtigen Männern praktiziert werden, um den Verlust von Essenz zu vermeiden. Alkohol gilt bei daoistischem Sex als gefährlich.

2. Schritt: zinnoberroter Säugling

Inmitten des wirbelnden roten Balles kristallisiert sich ein zunächst winzig kleiner zinnoberroter Säugling – das eigene Ich, das nun im eigenen Uterus ruht. Dieses Ich wächst langsam, in seinem Rhythmus, genährt von der unaufhörlich kreisenden zinnoberroten Kraft.

Die Meditierende betrachtet dieses Wesen mit Aufmerksamkeit und wacher Neugier. Sie entdeckt, wie es sich immer mehr entfaltet und langsam regt. Sie beobachtet aufmerksam, aber distanziert, ob es diesem Wesen an irgendetwas mangelt, und sendet unaufhörlich immer mehr Kraft zu ihm hinab, so wie sie eine Blume gießen würde. Dabei beeinflusst sie es nicht mit ihrer Liebe, ihren Wünschen oder Erwartungen, sondern lässt es ganz frei sich nach eigenem Ermessen entfalten. Irgendwann wird das Wachstum beendet sein.

Um die Meditation an dieser Stelle abzubrechen, lässt die Meditierende das zinnoberrote Licht langsam verblassen, bis nichts mehr davon zu sehen und wieder völlige Dunkelheit und Kühle eingekehrt ist. Danach legt sie die Hände auf den Nabel und atmet noch einige Atemzüge lang entspannt weiter. Dabei achtet sie besonders darauf, das Yin zu versiegeln. Sie wendet sich erst dann wieder anderen Tätigkeiten zu, wenn die gesamte zinnoberrote Farbe erloschen ist.

Es empfiehlt sich, die Meditation bis zu dieser Stelle so lange zu üben, bis alle Schritte flüssig und ohne zu stocken visualisiert werden können. Der Säugling wird sich von Mal zu Mal vollständiger entwickeln und die Meditierende wird ihn immer besser kennen lernen und ganz von seiner Kraft erfüllt sein.

Bis zu dieser Stelle kann die Kaiserin diese Meditation ohne persönliche Anleitung üben. Die weiteren Schritte sind nur zur Information für Neugierige beschrieben. Wir empfehlen ausdrücklich, die Meditation nur bis zu dieser Stelle zu üben.

3. Schritt: die »wahre Frau«

Wenn die Meditierende neun Monate lang täglich geübt hat, wird sie eines Tages fühlen, dass ihr innerer Säugling reif ist, und sie kann ihre Aufmerksamkeit darauf richten, dass das Kind inmitten ihrer Wirbelsäule, wie auf einem Springbrunnen sitzend, von Wirbel zu Wirbel nach oben getragen wird. Nun richtet sie ihre Aufmerksamkeit auf den Raum hinter dem Brustbein. Dies ist das mittlere Zinnoberfeld. Hier erscheint der Säugling als »wahre Frau«. Sie ist nun erwachsen, voller Tatendrang und doch voller Ruhe. Sie sitzt lächelnd und beglückt, in rote Gewänder gehüllt auf einer Terrasse im Glanz der Morgenröte. Um sie herum scharen sich ihre Gefährtinnen – die Eigenschaften, die sie auf ihrer weiteren Wanderung begleiten werden.

Die Meditierende betrachtet nun diese Gefährtinnen, eine nach der anderen. Welche sind es. Der Mut? Die Klug-

heit? Die Frechheit? Die Bedächtigkeit? Die Schönheit? Die Ungeduld? Wie viele sind es? Ist es nur eine? Oder sind es mehrere? Welche wird sie mitnehmen? Sie schart nur diejenigen um sich, die ihr Kraft verleihen und in deren Begleitung sie sich dem Aufstieg gewachsen fühlt, denn sie weiß, ein langer und gefährlicher Weg liegt vor ihr. Gefährtinnen, die nicht wirklich zu ihr gehören, lässt sie verblassen. Im Laufe dieser Meditation wird die Kaiserin sich selbst nicht nur kennen lernen, sondern auch lernen, ihr angeborenes Potential optimal zu verwirklichen.
Da während dieses Meditationsschrittes das Qi in den Brustraum steigt, kann es zu Druck- und Engegefühl kommen.

Um die Meditation an dieser Stelle abzubrechen, legt die Meditierende wiederum die Hände auf den Nabel, konzentriert sich auf ihr unteres Zinnoberfeld und lässt alle Bilder wieder langsam nach unten sinken und dort verblassen. Dies tut sie so lange, bis jedes Druckgefühl verschwunden ist. Wie immer achtet sie dabei darauf, ihr Yin zu versiegeln. Erst wenn völlige Dunkelheit eingekehrt ist, beendet sie die Meditation mit einigen ausklingenden Atemzügen.
Dieser Schritt der Meditation wird viele Sitzungen lang dauern. Eines Tages wird sich die Meditierende sicher und ganz fühlen, inmitten ihrer Gefährtinnen. Sie ist nun stark und mutig. Für das Leben in der äußeren Welt besitzt sie die besten Voraussetzungen und kann den gefährlichen letzten Schritt der inneren Reise wagen.

4. Schritt: die Perle der Weisheit

Ziel dieser letzten Etappe der Meditation ist die Erleuchtung, die Gewinnung der Perle der Weisheit. Diesen Schritt wagen auch geübte Daoistinnen nur unter Anleitung. Da alles Qi bis in den Kopf geleitet wird, entsteht ein großer Druck im Kopf, der nicht immer einfach zu beherrschen ist und Wirkungen von unstillbarem Kopfschmerz über Schwindel bis zu Wahnsinn hervorrufen kann. Wir führen ihn nur der Vollständigkeit halber, aber nicht zum Nachmachen auf!

Zusammen mit ihren mutigen Gefährtinnen beginnt die »wahre Frau« den gefährlichen Aufstieg durch die zwölfstöckige Pagode (Trachea), gelangt in den Mund; über die Brücke der Zunge, die an den Gaumen tippt, gelangt sie über den gefährlichen Abgrund des Tigers und Leoparden (Kehle) in den Nasenraum. Von dort steigt sie zu den Augen, die ihr als Sonne und Mond den Weg beleuchten. Zwischen ihnen findet sie das dritte Auge. Von dort steigt sie auf ein hohes Gebirge, den Ursprung des Universums, im Innern des Schädels. Auf dem Gipfel findet sie die leuchtende Perle der Ursprungsenergie. Vor dieser kniet sie nieder, bis sie Gnade vor den Göttinnen findet und von Licht ganz erfüllt ist. Die »wahre Frau« ist nun zur Greisin geworden, die von innerem Licht strahlt und gelassen den Abstieg bis ins untere Zinnoberfeld aufnimmt.

KAISERINNENSÄTZE

- Die Kaiserin geht keiner Erfahrung aus dem Weg.
- Die Kraft der Kaiserin entsteht in der Tiefe.

- Die Kaiserin stellt sich der Wahrheit.
- Die Kaiserin blickt ihrer Angst ins Auge.
- Die Kaiserin geht nach innen.
- Die Kaiserin ist ein tiefes Wasser.

Das Buch der Nonne

1. Die Alten sagten:
Aus dem geheimnisvollen Tor trat das Chaos.
Aus dem Chaos wurde Yin und Yang.
Das Kälteste und das Heißeste, auf ewig verschieden und doch nicht zu trennen.

Die Nonne spricht:
Wasser ist Yin, Feuer ist Yang.
Im Wasser glüht Feuer. Qi steigt wie Dampf zum Himmel.
Im Inneren der Hitze sammelt sich die Kälte. Heißer Dampf regnet kühl zu Boden.
Wasser ohne Feuer wird lebloses Eis.
Feuer ohne Wasser hinterlässt tote Asche.
Bewahren und festhalten ist die Art des Yin.
Verändern und zerstören ist die Art des Yang.

2. Die Alten sagten:
Die Schlangengöttin Nü Wa besaß einen Körper, doch niemand hatte ihn erschaffen. Aus dem dunklen Wasser kam sie und war selbst dunkles Wasser.

Die Nonne spricht:
Die weibliche Kraft sammelt sich im tiefen Tal.
Tief im Unterleib, im geheimnisvollen Zinnoberfeld fließt sie zusammen.
Dies nennt man die Kunst des Sammelns.
Die weibliche Kraft festigt sich in der Dunkelheit.
Dies nennt man die Kunst des Geheimnisvollen.

Wenn es gesammelt wird, muss es verströmt werden.
Endloses Sammeln führt zu Erstarrung.
Daher hütet sich die weise Frau vor Selbstsucht.

3. Die Alten sagten:
Als der Himmel zerriss, flickte Nü Wa ihn mit einem Regenbogen. Ihr Herz glich dem Feuer. Es glitzerte und gleißte in der Sonne.

Die Nonne spricht:
Die weibliche Kraft verströmt sich zum Himmel.
Das Herz öffnet sich in Freude und Lachen.
Dies nennt man die Kunst des Schenkens.
Wenn es aufsteigt, muss es gesammelt werden.
Endloses Schenken macht sie hohl.
Daher hütet sich die weise Frau vor fruchtlosen Begegnungen.

4. Die Alten sagten:
Als Nü Wa dem Himmel begegnete, ballten sich die Wolken und es regnete hinab. So entstanden die zehntausend Wesen. Sie traten durch das geheimnisvolle Tor und Nü Wa gab ihnen eine Form aus Erde.

Die Nonne spricht:
Die zehntausend Wesen nehmen ihren Ursprung im Wasser.
Die Essenz gleicht dem Wasser und wohnt in den Nieren.
Das Wasser ist kalt, und darin wohnt das Feuer.
Daher steigt die Essenz wie Dampf als Qi zum Himmel empor.
Freude öffnet das Herz

Vom Himmel regnet die Essenz herab.
Beglückung erfüllt die Nieren.
So verfeinert sich die Essenz im Spiel von Wolken und Regen.
Wenn die geheimnisvollen Kräfte von Himmel und Erde sich vereinigen, schließt sich der Kreis.
Wenn männliche und weibliche Essenzen sich vereinigen, werden die zehntausend Wesen geboren.
Dies ist das natürliche Dao der Schöpfung.
Dies ist ein Dao des Nichthandelns und Nichtdenkens.

5. Die Alten sagten:
Die Frau gleicht dem Wasser.
Sie folgt ihrem Blut.
Am Himmel folgt das Blut dem Mond.
Auf Erden folgt das Blut den Gezeiten.
Beim Mond gibt es Vergehen und Wachsen.
Bei den Gezeiten gibt es Ebbe und Flut.

Die Nonne spricht:
Die Frau folgt dem Dao des Wassers.
Wer dem Dao folgt, wird leben.
Wer sich dem Dao widersetzt, wird vergehen.
Daher kennt die weise Fau den Rhythmus ihrer Gezeiten und folgt ihnen.
Getragen von der Kraft der Gezeiten erlangt sie große Macht.
Daher sprechen die alten Männer von unheilvollem Wasser und unreinem Blut.
Törichte Greise.

6. Die Alten sagten:
Am Beginn der Gräser und Bäume entsteht der Keim.
Daran anschließend entstehen Zweige und Blätter.
Und dann entstehen Blüten und Früchte.
Die Blüten und Früchte fallen herab. Was bleibt, ist die Wurzel.
In diesem Leben und Niedergehen der Gräser und Bäume gibt es fünf Zeiten. Deshalb spricht man vom Entstehen, Wachsen, Blühen, Ernten und Speichern. Dies sind die fünf Jahreszeiten.
Sie folgen dem Dao der fünf Wandlungsphasen.

Die Nonne spricht:
Das Leben der Frau ist auch so.
Am Anfang wird das Mädchen geboren. Ihre Essenz ist vollkommen. Erhält die Essenz Nahrung und Liebe, entstehen Blut und Qi. Dies ist die Vollendung des Yin durch die Erde und das Licht. Dann beginnt die Begegnung der Geschlechter. Es entstehen Töchter und Söhne. Die Frau wächst. Das Yin wird weitergegeben oder geht verloren. Das Yang der Frau nimmt zu. Das Yang des Mannes nimmt ab. So besiegt Wasser das Feuer, und die Frau erreicht ihren Höhepunkt. Dann beginnt das Altern. Dies ist die Zeit der Ernte. Zurück bleiben leblose Knochen.
In diesem Leben und Niedergehen der Menschen gibt es auch fünf Zeiten. Deshalb spricht man vom Geborenwerden, Wachsen, Starksein, Altsein und Sterben. Dies sind die Lebensabschnitte. Sie folgen dem Dao der fünf Wandlungsphasen.

7. Die Alten sagten:
Das Wesen des Wassers ist die Stille.
Das Wesen des Feuers ist die Bewegung.
Die weise Frau bewahrt ihr Yin in der Stille und pflückt das Yang im Schlafgemach.
Ist das Yang stark, wird sie lange leben und ihre Ernte wird reich sein.
Erlangt sie kein Yang, wird sie bekümmert und in jungen Jahren verwelken.

Die Nonne spricht:
Dies ist wohl gesprochen. Die Kunst des Yin und Yang heilt Gebrechen und bewahrt die Essenz.
Ist es nicht wunderbar, sich in vollen Zügen zu ergötzen und dabei dennoch die eigene Gesundheit zu steigern?

8. Die Alten sagten:
Wenn eine Frau sich mit einem Mann vereinen will, muss sie zunächst das Herz beruhigen und den Sinn festigen. Was überreichlich ist, muss hinabsinken und sich auflösen.

Die Nonne spricht:
Zunächst mache sie sich frei von Sorgen und Hoffnungen.
Alles Qi, sei es Wut oder Freude, Zweifel oder Kummer, soll abkühlen und sich im Tal sammeln. So wird das Herz frei und leer. Erst dann kann die Essenz erregt werden und wieder aufsteigen. Gelingt dies nicht, so ist es nicht die Zeit.

Die Alten sagten:
Was entsteht, muss allmählich wachsen.
So entsteht Yang aus dem Wasser.

Im Aufsteigen erlangt es die Klarheit.
Im Hinabsinken vollendet sich das Geheimnis.

Die Nonne spricht:
Damit ihr Yang wachsen kann, lehre sie ihn, wie er ihre Hände und die Arme bis zu den Achseln berühren soll. So steigt das Qi im Leib hoch zum Herzen, so dass das Gesicht sich rötet.
Was er nicht weiß, muss sie ihm zeigen.
Hört er nicht ihre Worte, verjage sie ihn ohne Scheu.
Nun sollte sie ihn küssen.
Die Knospen der Brust werden hart, und um die Nase erscheinen Schweißperlen.
Die Zunge wird größer und feuchter, und das Jadewasser im Mund fließt.
Durch Schlucken regnet das Qi zum Zinnoberfeld.
Im Hinabsinken wird es nass.
So sammelt alles Wasser sich im Tal.
Die Zinnobergrotte wird nass, und nach kurzer Zeit sind auch die Gesäßbacken feucht.
Nun lehre sie ihn, die Blütenknospe zu streicheln, den Punkt des geheimnisvollen Tores, wo alle Meridiane zusammenlaufen. Wird dieser Punkt richtig behandelt, wird sie erleben, wie ihr ganzer Leib glückliche Gefühle der Sehnsucht erfährt. Liebe und Freude erfüllen sie.
Im Aufsteigen wird es heiß.
Ihre Kehle wird nun trocken, und sie möchte immer schlucken. Das Mingmen-Feuer ist erregt, und die Säfte fließen reichlich und erhitzt.
Nun erst kann sie seinen Jadepfeil in die Zinnobergrotte einführen und sich sanft hin- und herwiegen.

Ist er zu weich und will entfliehen wie ein glitschiger Fisch, so versammle sie ihr Yin und ziehe ihn in die Zinnobergrotte, so als wolle sie das Wasser im Tal sammeln und die Essenz versiegeln.
Diese Kunst ist keine geringe.
Daher übt die weise Frau die Meditation des Zinnobers, und kein Mann wird ihr widerstehen.
Kommt sein Qi zu früh, quetsche sie sein Schildkrötenmaul mit den Fingern sanft zusammen.
Jede Frau kennt das Schildkrötenmaul – die Öffnung am Ende des Jadepfeiles.
Die weise Frau aber kennt den Punkt am Damm des Mannes, wo all sein Yin sich versammelt.
Diesen drückt sie fest mit den Fingern. Zu hitziges Qi sinkt dann ab.

Steigt sein Yang nicht von allein, soll er zunächst sein Herz frei und leer machen.
In keinem Fall darf er künstlich erregt, geschüttelt und aufgereizt werden.

Nur langsam verfeinert sich die Essenz.
Der Mann wird dabei weich und hart im Wechsel.
Das Qi der Frau hebt sich und senkt sich wie Weiten im Ozean.
Dies geht eine lange Zeit, bis das Qi ganz aufsteigt und die Herzen öffnet.
Nun sinkt das Qi noch einmal und die Essenzen gießen.
Nun pflückt sie das Yang.
Sie schließe die Augen, schlucke das Jadewasser in ihrem Mund und sammle sein Qi in ihrem Zinnoberfeld. Von dort

lasse sie es in sich aufsteigen wie in der Meditation des Zinnobers.
Falls sie diesen Weg kennt, werden die beiden Qi sich harmonisch vereinigen. So wandelt sich das Yang, und es wird ein Kind. Falls es kein Kind wird, so wird es zu Yin-Säften und fließt in die hundert Adern. Wird das Yin durch das Yang genährt, verschwinden die hundert Krankheiten. Die Haut wird frisch und strahlend, die Muskeln fest. Sie wird an Jahren zunehmen, ohne zu altern, und immer wie ein junges Mädchen aussehen.
Wer diesen Weg sorgsam beachtet und sich oft mit einem Mann vereinigt, kann neun Tage ohne Essen leben, ohne Hunger zu empfinden.
Es gibt Kranke, die sich mit Geistern vereinen, und sie können schon ohne Essen auskommen. Umso mehr gilt das für die Vereinigung mit Menschen.

9. Die Alten sagten:
Die göttliche Königinmutter des Westens erlangte das Dao, indem sie ihre weiblichen Kräfte nährte. Solch ein Weib muss sich nur ein einziges Mal mit einem Mann vereinen, und dieser verfällt durch die Erschöpfung in Krankheit, wohingegen ihre Haut glanzvoll wird, so dass sie noch nicht einmal Schönheitsmittel braucht. Die heilige Mutter hat keinen Ehegemahl. Sie schläft gern mit Jünglingen. Dunkel und verborgen ist der Weg der Mutter.

Die Nonne spricht:
Die Geheimnisse der Mutter sind gar nicht geheim.
Ihr Weg ist hell und klar wie das Sonnenlicht:
Jung sei der Mann und reich an Essenz!

Ist der Mann hitzig und voller Zorn, folgt er nicht den Unterweisungen. Er erschöpft sich frühzeitig und duldet nicht, dass sie ihn bremst. Sein Qi ist knotig und heiß, und die Frau wird traurig. Seine Samen-Essenz ist gelblich und spritzt sehr weit. Seine Augen sind wild aufgerissen.
Dieser Mann taugt nichts.

Ist der Mann erschöpft und voll wirrer Gedanken, steigt sein Qi nicht auf oder fließt wie ein trüber Bach. Seine Samen-Essenz ist blass und dünnflüssig. Die Frau wird kalt. Seine Augen sind gedunsen.
Dieser Mann taugt nichts.

Giert er nach Wein und Pulver oder gelüstet ihn nach jungen Konkubinen, die für ihn tanzen, damit der Jadepfeil sich regt, ist seine Essenz vergiftet. Seine Samen-Essenz ist eingedickt und klumpig, brennt auf der Haut und riecht nach Tiger. Die Frau wird elend. Seine Augen sind trübe.
Dieser Mann taugt nichts.

Vereinigt der Mann sich mit einer anderen, damit sie Eifersucht und Bedrückung empfindet, wird ihr Qi stimuliert. Sie setzt sich und steht wieder auf, voll Kummer und Ärger. Ihre Yin-Essenz tritt einsam aus, verkocht und trocken, und sie wird schnell alt. Seine Augen sind verkniffen.
Dieser Mann taugt nichts.

All diese Männer müssen sorgsam vermieden werden.

Jung sei der Mann und reich an Essenz.
Er verfeinert seine Essenz durch den Geist.

Er ist ohne Harm und verschenkt sich großzügig.
Seine Samen-Essenz ist cremig und weiß.
Seine Augen sind klar und strahlend.

10. Die Alten sagten:
Wasser findet seine Freude im Nehmen.
Feuer findet seine Freude im Geben.
Die alten Weisen der Vorzeit sprachen:
Alles Unheil kommt von den Frauen.
Daher fliehen viele Männer das Schlafgemach oder betreten es voll Hass.

Die Nonne spricht:
Das ist sehr schlimm! Himmel und Erde haben ihre aufeinander folgenden Phasen. Yin und Yang vereinigen sich und sind miteinander verflochten. Der Mensch sollte ihrem Beispiel folgen und sich den Gesetzen der Natur beugen. Wenn ein Mensch nicht den Freuden des Leibes huldigt, werden seine Lebenskräfte zum Stillstand gebracht, und Yin und Yang werden aufgehalten. Dann ist guter Rat teuer. Wenn der Jadepfeil sich nicht regt, wird er verschrumpeln. Daher muss ein Mann ihn regelmäßig gebrauchen und ihm Übung verschaffen.
Bleibt ein Mann ohne Frau, wird er nervös und sein Geist erschöpft sich. Dies ist der Weg der Feinde des Yin.
Ist sein Geist durch fruchtloses Denken erschöpft, fließt seine Essenz kalt und kraftlos wie ein trübe rinnender Bach. Er wird bucklig und blass. Dies ist der Weg der Gelehrten.
Nähert er sich ohne Geist, künstlich erregt durch Frühlingsbilder, Wein und heißes Pulver, geht er den Weg der Verschwendung und die Essenz verkocht. Er wird faltig und

trocken und sein Rücken bricht. Dies ist der Weg der hochgezüchteten Herrschaften.
Nähert er sich voll Zorn, als müsste er eine Schlacht kämpfen, wird sein Qi sich verknoten, und er wird Schmerzen und pfeifende Ohren bekommen. Dies ist der Weg der Kraftprotze.
Nähert er sich spontan und freudig wie ein Knabe, vereinigt sein Geist sich mit seinem Wasser. Das Qi steigt auf, und alle Meridiane öffnen sich. Dies ist der wahre Weg des Umwandelns. Ein solcher Mann ist reichlich ausgestattet. Dies ist der Weg der offenen und liebevollen Gesellen.

Das Weibliche bedeutet die Erde. Seine Natur ist friedlich, und es nährt alle Dinge nach deren Art. Die Zinnobergrotte ist das Tor des Geheimnisvollen Weiblichen. Sie ist die Mittlerin von Leben und Tod. Sie ist das Zentrum und die Herrscherin.
Der Mann, der sich der Grotte nähert, sollte zunächst lernen, seine Essenz zu sammeln. Sein Geist sollte so werden wie der der Erde und der Frauen und sich nicht um Äußerlichkeiten sorgen. Großzügig soll er sein und offen.
All das, was zur Beziehung zwischen Mann und Frau gehört, darf niemals vernachlässigt werden.
Auf diesem Wege bringt man sich in die innigste Eintracht mit den Geistern und Seelen, und so kann man Langlebigkeit erwerben und ewig mit Himmel und Erde existieren.

Jung sei der Mann und reich an Essenz.
Wisse um diese Dinge, Unbekannte, und gehe den Weg des Yin und Yang in Freude.

5

Strategie und Kraft
Leberqi – Holz – die Entdeckung
der verborgenen Wünsche

Der junge Kaiser Gao Zong reist ins Kloster, Opfer zu bringen für den kaiserlichen Vater. Räucherwerk entzündet er und erblickt die Nonne Wu Zhao. Verändert ist sie und von eigener Kraft. Ihre Haare sind kurz, doch klug ist sie, kann sagen, raten, philosophieren. Wieder kommt er und wieder. Und Wu Zhao schreibt Gedichte für ihn.
»Rosiges Zinnober wird zu blasser Jade
Sehnsucht nach dem Edlen
Tränenströme bleichen den granatfarbenen Rock.«
Im Jahre 652 bringt Wu Zhao ihr erstes Kind, einen Sohn, im Kloster zur Welt.
Am Hof entsteht Feindschaft zwischen der Kaiserin Wang und der Konkubine Xiao, Favoritin des Kaisers. Die Kriegskunst lehrt: »Suche Freundschaft mit Außenseitern, um die Nahestehenden zu besiegen.« Eine harmlose kleine Nonne, was kann sie mir schaden, denkt die Kaiserin Wang.
So kehrt Wu Zhao 653 an den Hof zurück. Bald preisen alle die Unterwürfigkeit und Demut der neu Angekommenen.
Der Kaiser Gao Zong liebt sie mehr als zuvor. Doch Vorschriften und Etikette quälen Wu Zhao. Sie kann nicht sagen, raten, philosophieren mit dem Kaiser. Selten sind sie allein. Intrigen anderer Frauen nehmen Wu Zhao den Raum. Sie wird nicht geschätzt wie im Kloster, kann nicht leben und

zeigen, was sie ist und was sie kann. Ihre Wut richtet sich nach innen. Wu Zhao wird launisch, ihre Brüste drücken und schmerzen.

Die Amme Lao Ma spricht: »Dein Qi ist verknotet. Zu viel Fleisch und Wein erhitzen dein Yang. Es knotet und rumort in deiner Leber. Sag, was wünschst du dir, Wu Zhao?« Wu Zhao gibt keine Antwort. Die Amme reicht ihr den Tee Biegsamer Bambus.

Wu Zhao trinkt den Tee. »Was tue ich hier?«, fragt sie. Im Kloster war es richtig.

Wu Zhao trinkt den Tee und meidet erhitzende Speisen. Ihre Gedanken werden klar. Wu Zhao trinkt den Tee und erkennt, sie hat Kraft, aber keine Macht, dem Qi eine Richtung zu geben.

Was wünschst du dir, Wu Zhao?

Dem Qi eine Richtung geben. Kaiserin sein.

Welch kühner Plan.

»*Dem Qi eine Richtung geben. Ich werde Kaiserin sein*«, spricht Wu Zhao.

Wu Zhao studiert Strategeme – die Kunst, im Geheimen zu kämpfen: »Halte dich verborgen wie der Blitz hinter den Wolken, der auf das Gewitter wartet.« Wu Zhao bleibt freundlich und höflich, demütig zur Kaiserin Wang.

»*Breite dich aus im Zentrum der Macht. Nach und nach wird die Besucherin zur Hausherrin.*« Sie hält ihre Wünsche und Ziele geheim, sortiert ihre Umgebung in Freunde und Feinde, schaut aus nach Verbündeten, späht aus nach Allianzen.

Wu Zhao kämpft im Geheimen und bündelt ihre Energie.

Sei elastisch wie der Bambus im Wind

Die Kaiserin erkennt, was sie will, und hält an ihren Wünschen fest. Es gibt Zeiten, da sind die Pläne schon klar, die Kaiserin weiß genau, was sie will, und vor allem, was sie nicht mehr will. Dennoch geht es nicht voran. Irgendetwas oder irgendjemand verhindert (noch), dass die Wünsche sich verwirklichen lassen. Oft sind es die Vorschriften und Regeln anderer Menschen, nach denen sie sich noch richten muss. Sei es die Chefin, die Vermieterin oder der Partner, alle sehen in ihr nicht die Kaiserin und verlangen Dinge von ihr, die einer Kaiserin in keiner Weise entsprechen. Pünktlich zur Arbeit zu erscheinen, ist davon noch das geringste Übel. Sie muss ihren Arbeitsplatz mit geistlosen Kollegen teilen und kann in keiner Weise ihre wahren Fähigkeiten zeigen. Vermieter verlangen, dass sie jeden Montag die Treppe kehrt und in der eigenen Wohnung nur auf Zehenspitzen geht. Männer sehen in ihr nach Bedarf die zweite Mama oder ein Püppchen zum Vorzeigen und quengeln, wenn sie nicht mitspielt – kurz, die Umstände sind beengend und kompliziert und in keiner Weise einer Kaiserin angemessen.

Es gibt Zeiten, in denen muss eine Kaiserin genau dies aushalten, muss standhalten und biegsam bleiben, obwohl sie am liebsten aus der Haut fahren, laut fluchen und alles kurz und klein schlagen würde. Es gibt Zeiten, in denen muss eine Kaiserin schmerzhaft ertragen, dass sie ihr volles Potential noch nicht entfalten kann. Es gibt Zeiten, in denen muss eine Kaiserin klug, strategisch und Monate

oder Jahre im Voraus denken. Ein zu frühes Offenlegen ihrer Ziele und Pläne würde alles verderben.
In solch schwierigen Zeiten pflegt sie ihre Ressourcen, ihre Beziehungen und vervollständigt ihr Wissen. Sie verpulvert ihre Kräfte nicht und sucht auch keine sinnlosen Zerstreuungen. Sie weiß, Pläne reifen wie edler Wein. Im Verborgenen wartet sie geduldig, dass die Zeit kommt, sich zu offenbaren. Sie weiß, es kommt auf den richtigen Zeitpunkt an. Bewusst entscheidet sie sich zwischen der offenen Auseinandersetzung oder der Strategie. Handelt sie zu früh, war alle Vorbereitung umsonst.

Was passiert energetisch

Nachdem der Mensch in der Ruhephase des Winters genug Kraft und Energie, Yin, gesammelt hat und Vitalität und Wille fest verwurzelt sind, kommt es im Frühling zum Einschießen der Säfte und zum Anschwellen und Aufbrechen der Blüten. Die Bewegung ist dynamisch und drängt nach außen. Sie wird auch als Holz (vergleiche Einleitung, Fünf Wandlungsphasen) bezeichnet.
Ein schönes Bild des Ostens für flexibles Holz ist der schnell wachsende Bambus, der sich elastisch im Wind bewegt. Vergleichbar dem jungen Baum, flexibel und voller Säfte, weicht das Holz Widerständen aus und strebt doch voller Kraft und unbeirrbar seinem Ziel zu: der Sonne. So sprengen zarte Keimlinge selbst harten Asphalt.
Wenn die Säfte nicht mehr fließen, eingetrocknet oder verhärtet sind, bricht der Stamm im Sturm, während sich der gesunde und elastische Baum geschmeidig hin und

her bewegt. Knoten und Verhärtungen entstehen, wenn die Zweige sich nicht ausbreiten und den für sie vorgesehenen Platz einnehmen können.

Auf den Menschen übertragen, wird das Holz auch als Leberenergie bezeichnet. Die Leberenergie äußert sich als Charme und warme Natürlichkeit. Es ist die kreative, ideenreiche Kraft, die Erfolg und Ausstrahlung bringt. Die Leberenergie strebt nach Wachstum und unbegrenzter Entfaltung. Durch sie kommt es zu sexueller Erregung, zu Kreativität und zum Streben nach Erfolg. Sie bewirkt Träume und Phantasien, aber wenn sie zu stark erhitzt wurde, kann sie auch zu Aggression und Zerstörung führen.
Das Ziel der Leberenergie ist die Realisation des gesamten inneren Potentials, das volle Erblühen, das schöpferische Produkt, die Erfüllung einer Ambition, der Orgasmus, die Menstruation, die Geburt eines Kindes oder der befreiende Lachanfall.

Wenn die Entfaltung, die Selbstbehauptung behindert ist durch äußere Umstände, aber auch durch Ziellosigkeit und unklare Ideen, kommt es zu einem Stau: Die gesammelte Kraft kann sich nicht entfalten. Dies führt zu unzähligen Störungen und schlechten Empfindungen. Oft entsteht Gereiztheit und Wut, bei Frauen häufig eine ohnmächtige Wut, da sie nicht ohne gravierende Nachteile ausgelebt werden kann.
Die Störungen äußern sich umso heftiger, je mehr die nach außen strebende Yang-Energie durch erhitzende Speisen wie Fleisch und Alkohol, durch Bewegungsmangel und

überheizte Räume verstärkt wird. Die Betroffenen fühlen sich zum Platzen gespannt und wissen keinen Ausweg.
Die Situation der gestauten Leberenergie ist jedem bekannt. Kurzfristig erleben eilige Menschen sie im Stau und vor roten Ampeln. Bei besonders hitzigen Menschen reicht bekanntlich schon ein geringer Widerstand, um unkontrollierbare Wut auszulösen. Je weniger Ausweg und Entfaltungsmöglichkeiten eine Lebenssitution bietet, umso häufiger staut das Qi. Wie Holz durch scharfes Metall beschnitten wird, so kann die Leberenergie durch kühle Ratio im Zaum gehalten oder blockiert werden.
Drastische Unterdrückung und Einschränkung des Holzes durch das Metall bewirken Qual und Unruhe bis hin zur Depression. Gerade offene, spontane und kreative Menschen, die sich selbst nicht so zügeln und ihre Handlungen nicht genau durchplanen, werden oft mit dem schneidenden Metall der Außenwelt konfrontiert.
Künstler wissen, wie schwer es ist, die junge Leberenergie nur sanft zu zügeln und ihr eine präzise Richtung zu geben. Die gute Gärtnerin beschneidet wilde Triebe nur, damit die Pflanze insgesamt umso stärker wächst. Das Metall, die kühle Ratio, kommt so dem Holz zu Hilfe, statt es zu zerstören. Es ist eine große Kunst, zwischen Verstand und Selbstverwirklichung den richtigen Mittelweg zu finden. Mancher Baum verkümmert, wenn er zu sehr zurückgeschnitten wird, auch wenn der Schnitt vernünftig erschien.
Die Entfaltung der Leberenergie, die Verwirklichung der eigenen Wünsche, wird sehr häufig durch ganz reale Um-

stände verhindert. Hier sollte das Metall, als Verstand, helfen, statt zu zerstören. Die Antwort auf eine schwierige Situation ist nicht das autoritäre »Vergiss es!«, sondern »Was genau will ich langfristig erreichen und was kann ich schon jetzt dafür tun?«. Eine Reise von tausend Meilen beginnt bekanntlich mit dem ersten Schritt. Nicht Unterdrückung, sondern flexibles, raffiniertes Umgehen von objektiven Schwierigkeiten ist der Ausweg. In China fand dies Niederschlag in der »geheimen Kriegskunst«, den sechsunddreißig Strategemen*.

Doch Vorsicht, zu viel Planung und kühle Berechnung zerstören die Spontaneität und kreative Kraft des Holzes und führen zur Verzettelung. Fehlt es am Willen zur Ausführung, nimmt das Metall leicht überhand.

Die Kaiserin behält ihr Ziel fest im Auge und zentriert ihre Kraft. Sie ist wachsam und ergreift den entscheidenden Moment, auch dann, wenn sie lange Zeit darauf warten muss.

---

* Die Strategeme der geheimen Kriegskunst wurden lange Zeit nur mündlich überliefert. Schriftlich erwähnt wurden sie das erste Mal vor 1500 Jahren mit dem Satz: »Wegrennen ist das beste der 36 Strategeme.« Die sechsunddreißig Strategeme waren Listen und Tricks, um mit einem überlegeneren, stärkeren Gegner zu »kämpfen«. Da dies nicht die offizielle Kriegskunst war, wurde sie lange Zeit nicht aufgeschrieben. (Im Gegensatz zur Kriegskunst des SunTse). Das erste Mal wurden die sechsunddreißig Strategeme vor 300 Jahren (Ende der Ming-Zeit) von einem anonymen Autor handschriftlich festgehalten. In Buchform erschienen die sechsunddreißig Strategeme erst vor fünfzig Jahren.

Das Bild

Gestaute Leberenergie, im alten China auch »brodelnde Leber« genannt, heißt heute in der chinesischen Medizin »Leberqi-Stau«, der freie Energiefluss ist blockiert. Leberqi-Stau äußert sich bei Frauen oft als prämenstruelles Syndrom. Die Brüste und der Unterbauch spannen, Wasser hat sich eingelagert, Blähungen drücken. Die Frauen quälen sich mit Selbstzweifeln und negativen Gedanken und reagieren heftig auf jede Kleinigkeit. Vor Gericht gilt PMS als mildernder Umstand. Erfahrene PMS-Spezialistinnen warnen ihre Umwelt rechtzeitig und erhoffen sich so Verständnis für ihr Verhalten.

Leberqi-Stau zeigt sich aber nicht nur als PMS. Ständig verspannte Muskeln, vor allem im Nacken, Beklemmung, Schwierigkeiten, tief durchzuatmen, und das Gefühl, gleich zu platzen, können ebenfalls Symptome sein. Auch Störungen des Verdauungsapparats wie Magenschmerzen und Verstopfung kommen häufig vor, wenn die aggressive Holzkraft sich nach innen wendet und verknotet.

Wird das Leberqi stark behindert, befreit es sich manchmal anfallsartig. Migräne, laute Ohrgeräusche und krampfartige Schmerzen sind genauso Beispiele dafür wie zügellose Wutanfälle. Sind die Säfte sehr eingetrocknet, kommt es zu Zittern und Muskelkrämpfen, Schreckhaftigkeit und starker Zugempfindlichkeit.

Bestehen »Knoten« des Qi über längere Zeit, bilden sich »Massen«. An den Blockaden lagern sich Säfte an und dicken ein, das Qi kristallisiert und kann auch durch Akupunktur nicht mehr beseitigt werden. Zysten, Polypen,

Warzen, Leberflecken, aber auch Tumore können die Folge sein.

Wie und wo genau es zu solchen Erscheinungen kommt und was dagegen zu tun ist, lehrt die traditionelle chinesische Medizin. Die wichtigste Lehre aber ist die, es niemals zu einem solchen Übermaß an Stagnation kommen zu lassen.

Frauen erleben von Natur aus eine sanfte und in regelmäßigen Zyklen stattfindende Phase der Anspannung, Entspannung und Befreiung: die Menstruation.

Die Menstruation stellt den Höhepunkt des Zyklus und damit die Realisation des zyklischen Potentials dar. Die Energie kulminiert im Augenblick der beginnenden Blutung und ergießt sich dann sanft und ungehindert.

Magische Rituale unterschiedlichster Traditionen nutzen die Macht des Menstruationsbluts. Verängstige Männerkulturen auf der ganzen Welt isolierten die Frauen darum auf dem monatlichen Höhepunkt ihrer Macht unter dem Vorwand, sie seien »unrein«.

Damit es zu einer solchen Kraftentfaltung kommen kann, muss die Leberenergie frei strömen können. Bei einem Leberqi-Stau, wie dem PMS, verliert sich der Impuls, die Kraft wendet sich nach innen, und die Menstruation selbst wird nicht selten zur Qual. (Vergleiche auch Kapitel 6.)

Exkurs: Männer unter Leberqi-Stau – Der Choleriker

Bei Männern ist der Leberqi-Stau oft viel heftiger als bei Frauen und für die Umwelt deutlicher wahrnehmbar. Junge Männer bis Männer mittleren Alters haben von Natur aus mehr Yang, dadurch drängt ihr Qi stärker nach außen. Dazu essen sie oft mehr Fleisch und trinken mehr Alkohol als Frauen. Ihre starke Yang-Energie äußert sich, wenn sie nicht behindert wird, in beruflichen Leistungen und zahlreichen sexuellen »Eroberungen«. Mit Behinderungen und Einengungen kommen diese Männer weniger gut zurecht. Strategisches Handeln ist ihnen fremd. Sie ziehen blindwütiges, erleichterndes Dampfablassen vor. Da dies bis heute bei Männern gesellschaftlich legitimiert ist, sehen sie keinen Grund, ihr Verhalten zu ändern.
Von solchen Männern sagte Konfuzius: »Ist das Qi stärker als die innere Kultur, wird der Mensch zum Rüpel.«
Kultivierte Männer halten ihre starke Leberenergie weitgehend unter Kontrolle. Bei ihnen kommt es häufig zu Störungen wie Tinnitus, Migräne und Bluthochdruck, unter denen auch der Kaiser Gao Zong zu leiden hatte, der vermutlich über eine ausgeprägte innere Kultur verfügte. Wird das Leiden stark genug, finden die intelligenteren unter ihnen irgendwann Mittel wie Sport oder Akupunktur, die ihren Qi-Fluss in Gang halten.
Manche Männer kontrollieren sich zwar im Berufsleben, zu Hause aber lassen sie den angesammelten Dampf ab. Schlecht, wenn sie dabei an eine Kaiserin geraten.

Auch der Kaiserin kann es passieren, dass sie sich unter einem Dach mit einem vom Leberqi regierten Mann wiederfindet. Im entspannten Zustand sind solche vom Holz bestimmten Menschen überdurchschnittlich herzlich, phantasievoll, unkonventionell, kreativ und sehr erotisch. Verfügen sie über genügend Einsicht, eventuelle Blockaden grundsätzlich selbst zu lösen, spricht nichts dagegen, ihnen eine Chance zu geben.

Viele Männer, darunter sehr viele extrovertierte Lebermenschen, verfügen allerdings über wenig Selbsterkenntnis. Die Gefühlsarbeit überlassen sie aus Prinzip den Frauen. Schlecht, wenn sie dabei an eine Kaiserin geraten. Eine Kaiserin weigert sich, seelischer Mülleimer und Trostspenderin für zu groß geratene Kinder zu sein. So beginnt der Konflikt.

Die laute Stimme und das rote Gesicht raten der Kaiserin, jetzt möglichst auf Abstand zu gehen. Der Choleriker, der Mann mit Leberqi-Stau, ist ungeduldig und neigt dazu, zu schreien und gewalttätig zu werden, wenn andere nicht das tun, was er will. Er muss gar nicht zuschlagen, auch lautstarke Wutausbrüche können bei denen, die diese über sich ergehen lassen müssen, körperliche Schmerzen verursachen.

Hier gibt es keine Kompromisse: Die Kaiserin sucht so bald als möglich das Weite und zwar für immer. Sie handelt dabei im Einklang mit der Weisheit: »Von den sechsunddreißig Strategemen ist überlegter Rückzug das Beste.« Eine Kaiserin gestattet nicht, dass auf ihre Kosten Dampf abgelassen wird.

Um das Holz zu besiegen, aktiviert sie ihr Metall. Der Weg heißt: überlegene und kühle Berechnung. Die Finanzen ordnen, eiskalte Schnitte machen. Es gibt akzeptable und inakzeptable Gründe, die Durchführung des Stratagems Ausziehen, Kündigen, Verlassen hinauszuzögern. So könnte es sinnvoll sein, erst noch gemeinsame Konten aufzulösen, eine eigene Wohnung zu suchen, einen Scheidungsanwalt zu konsultieren. Während dieser Zeit kühlt die Kaiserin den Mann so gut es geht herunter, zum Beispiel mit Sport und Spaziergängen, Beruhigungsmitteln und kühlenden Speisen. Außerdem sorgt sie für ausreichend Süßigkeiten, denn diese besänftigen sein aufbegehrendes Holz.

Ein absolut inakzeptabler Grund für Verzicht auf den kontrollierten Rückzug ist Mitleid. In China werden Wut und Zorn als Krankheit anerkannt und entsprechend behandelt. In wenigen Sekunden können sie das zerstören, was Jahre der Arbeit und Leidenschaft aufgebaut haben. Der Zuneigung oder gar Liebe einer Kaiserin ist ein solcher Mann nicht würdig.

Exkurs: Die Leberenergie im Alltag

Alkohol

Dem weit verbreiteten Phänomen des Leberqi-Staus begegnen unterschiedliche Kulturen auf unterschiedliche Weise. Bei uns wird in Zeiten großer Anspannung fast rituell zum Alkohol gegriffen. Szenen in westlichen Filmen, die ein solches Verhalten zeigen, werden in China als sehr komisch empfunden: Schließlich ist es, nach chinesischem Verständnis, gerade in einer Situation der Anspannung oder Bedrohung gefährlich, zum Alkohol zu greifen. Alkohol heizt einerseits das Yang weiter an, die Augen werden rot, die Hautdurchblutung steigt, die Gefühle schäumen über. Andererseits weicht der Alkohol durch seine Schärfe die Metallkraft, die kühle Vernunft, auf. Scharfes schädigt Metall! Die geballte Energie wird unkontrollierbar. Gefühlsausbrüche und Gewalttätigkeiten sind keine seltene Folge von übermäßigem Alkoholgenuss.

Vom Alkohol erhitzt und tränenreich werden so wichtige Lebensschritte wie zum Beispiel eine Scheidung angekündigt. Je bedeutender aber eine Sache ist, umso wichtiger ist es, sie gelassen und strategisch zu planen. Das heißt, die geballte Leberenergie muss kanalisiert, das Ziel im Auge behalten und das Vorgehen im Verborgenen geplant werden – besonders wenn er ein Mistkerl ist, und solche soll es ja immerhin auch geben, und die Kaiserin vor Wut schier zerplatzen möchte. Wer unvorbereitet in einem Gefühlssturm alle Karten auf den Tisch legt, überlässt dem Gegner den nächsten Schritt.

Ein anderes eklatantes Beispiel ist der Familienstreit zu Weihnachten, wenn alle zusammenkommen, die sich nicht ausstehen können. Viel Fleisch wird gegessen, viel Alkohol getrunken und die einzige Bewegung ist die vom Stuhl zum Sessel und umgekehrt: Die Katastrophe ist vorprogrammiert und lässt sich, wenn die Kaiserin es darauf anlegt, gezielt provozieren.

Langfristig entsteht durch Alkohol klebrige, feuchte Wärme. Die Klebrigkeit behindert das freie Ausbreiten der Leberenergie noch mehr. Der Qi-Stau verstärkt sich und damit das Bedürfnis nach erneuter Befreiung.

Kaiserinnen wissen um diesen Zusammenhang und setzen

dieses Wissen gezielt ein. Alkohol trinken sie nur, um sich aufzuwärmen, zu animieren oder um zu genießen, niemals zur Entspannung und niemals, aber wirklich niemals, in Gesellschaft von Menschen, die sie nicht mögen oder deren sie sich nicht sicher sein können. Gemeinsam Alkohol zu trinken, ist ein Vertrauensbeweis, ein Akt der Intimität und nicht umsonst zentraler Bestandteil von Heirats- und Freundschaftszeremonien der verschiedensten Kulturen.

Kaffee

Ein weiteres Genussgift, das durch Schärfe wirkt, ist der Kaffee. Im Unterschied zum Alkohol wirkt er abkühlend. Seine aufmunternde Wirkung kommt durch die Schärfe, die, wie beim Alkohol, das Metall schwächt und so die Leberenergie kurzfristig zum Verströmen bringt. Metall hält Holz im Zaum. Nach einem kurzen, nur scheinbaren Energieschub, die Energie war ja bereits vorhanden und ist nicht neu entstanden, verpufft der Effekt schnell. Langfristig wird durch das Verströmen der Leberenergie das Yang, die kraftvolle nach außen gerichtete Energie, geschädigt. Kaffee kühlt und macht schlapp.
Kaffee besitzt einen weiteren Effekt. Er ist bitter und leitet so benebelnde Feuchtigkeit aus. Auch dies macht, zum Beispiel nach Alkohol, einen klaren Kopf. Leider wird durch die Bitterkeit auch die Haut ausgetrocknet, sie wirkt dadurch leblos und fahl. Auch die Säfte, die so wichtig sind für die Flexibilität der Leber, trocknen ein. Extreme Folgen davon können Krämpfe und körperliche und geistige Unflexibilität sein.

Tabak

Nikotin schwächt ebenfalls das Metall. Und zwar schwächt es besonders den körperlichen Ausdruck des Metalls: die Lunge, den Dickdarm, Haut und Schleimhäute. Der Rauch stört eine wichtige Funktion des Metalls, die Befeuchtung von Haut und Schleimhaut, sie trocknen aus. Auch die Lunge kann ihre Aufgabe nicht mehr vollständig wahrnehmen. Im übertragenen Sinne hat die Lunge auch die Funktion, Kontakt und Gefühle aufzunehmen und weiterzugeben. Auch in dieser Aufgabe wird sie durch das Nikotin geschwächt. Die Haut, das große Kontaktorgan, altert vorzeitig und wird undurchlässig. Deshalb verhilft Nikotin zu Rückzug bei Stress und Aufregung und zu viel Gefühl. Aus dem gleichen Grund macht es faltig, trocken und fahl.

Diesen drei Mitteln gemeinsam ist, dass sie nicht die Geschmeidigkeit des Holzes unterstützen, sondern das kontrollierende Metall (kritischer Verstand, Kontakt, Haut und Lunge) schwächen und schädigen.

Das tut die Kaiserin

Kaiserinnen sind auch in ihrem Körper die Kaiserin. Sie nähren die Natur der weiblichen Kraft in sich. Sie bekämpfen sie nicht, sondern lassen ihre Kraft fließen. Sie wissen, Frauen sind nicht unberechenbar und launisch, sondern reagieren zyklisch. So können sie selbst ihre Kräfte gut einsetzen und dabei nach Belieben für ihre Umwelt undurchsichtig bleiben.

Die Kaiserin erkennt die Zusammenhänge ihres inneren Qi-Flusses und nutzt ihre Leberenergie ganz bewusst. Sie weiß, die zweite Zyklusphase, also die Phase nach dem Eisprung, ist die Holzphase, der Moment für Aktivität und Konfrontation. In dieser Phase kann sie, mehr als zu irgendeiner anderen Zeit, Kraft und Durchsetzungsfähigkeit mobilisieren, um ihre Ziele zu realisieren. In Zeiten, in denen dies nicht möglich ist, sorgt sie dafür, dass ihr Holz beweglich bleibt.

So hält die Kaiserin das Holz flexibel

Die Kaiserin weiß, dass Gereiztheit, übermäßige Selbstzweifel und Alles-in-Frage-Stellen vor der Menstruation Zeichen von Leberenergie sind, die sich, aus Mangel an Zielen oder Auswegen, aggressiv nach innen richtet.
Zuallererst sorgt sie für ihr eigenes Wohlbefinden, ganz gleich wie groß ihre innere Anspannung sein mag. Sie meidet erhitzende Lebensmittel wie üppige Fleischmengen, Schnaps und Rotwein und isst stattdessen viel Obst und Gemüse, besonders Spargel, Sprossen und Sellerie, Chinakohl, Kopfsalat, Rettich, Brunnenkresse und Algen, denn diese halten die Leberenergie elastisch. Sie dehnt ihre Muskeln mit Hingabe, macht Stretching oder Yoga, tanzt frei und wild und lässt sich ausgiebig massieren. Sie macht lange Spaziergänge, geht flanieren, sucht die Gesellschaft unkonventioneller Menschen, genießt Kunst und Musik und gibt ihr Geld freigebig aus.
Bei starker Erregung hilft kurzfristig ein Glas kühler Fruchtsaft, zum Beispiel Orangensaft. Er kühlt und stärkt

durch seine Säure die Säfte, und die enthaltenen Orangenschalen befreien das Qi. So wirken auch bittere Orangenmarmelade und Tee aus Rosenblättern auf milde Weise sowie eine scharfe und saure Suppe oder Tomatensaft mit Limone und Tabasco.

Wenn die Kaiserin sich rundum wohl fühlt und ihr Qi geschmeidig fließt, gibt sie dem Qi eine Richtung. Sie weiß, erfolgreiche Menschen haben sich nicht auf ihr Glück verlassen, sondern auf Intelligenz, Intuition und Strategie. Im Nachhinein liest eine Erfolgsgeschichte sich oft wie eine Aneinanderreihung von unglaublichen Zufällen. In Wirklichkeit waren viele dieser Zufälle eher Missgeschicke, die mit Kreativität in günstige Situationen umgewandelt wurden.

Eine frei fließende Leberenergie vermag es, ungünstige Situationen blitzschnell umzubewerten und neue Strategien aus dem Moment zu erschaffen. Von außen wirkt dies naiv und unbeschwert, so als geschähe alles ganz von selbst, als wäre alles Schicksal oder geradezu unverschämtes Glück.

In Wirklichkeit ist es nicht so simpel. Voraussetzungen für effektive Spontaneität und scheinbare Leichtigkeit sind ein stark verwurzelter Wille und das tiefe Wissen, was der eigene Weg ist. Eine geborene Malerin wird auch mit noch so viel Verbissenheit und Fleiß vermutlich keine überragende Börsenmaklerin – und umgekehrt. Aus einer Buche wird keine Rose. Ist das Wissen um den eigenen Weg durch Erziehung oder konventionelle Ansichten darüber, welcher Weg »der Mühe wert ist«, verschüttet, wird es zu Stagnation und Krankheit kommen.

Eine Kaiserin sieht ihren eigenen Weg klar vor sich und strebt mit jeder Faser danach, ihn zu gehen. Kennt sie ihren Weg nicht, helfen ihr Meditation und Rückzug. (Vergleiche Kapitel 4.)

Hat sie ihren Standpunkt eingenommen, laut Konfuzius geschieht dies im Alter von etwa dreißig Jahren, kann sie loslassen und sich völlig ihrer Intuition anvertrauen.

Eine Kaiserin erkennt den eigenen Weg und läuft nicht auf ausgetretenen Pfaden hinter anderen her. Es ist ein populärer, aber alberner Trugschluss, durch Autosuggestion könne jeder Mensch sich auf jeden beliebigen Weg bringen. Es reicht nicht, sich mit Lippenstift Parolen auf den Spiegel zu schreiben wie: In einem Jahr werde ich meine erste Million gemacht haben. – Auch wenn diejenigen, die dies behaupten, nicht selten diverse Millionen mit ihren Kursen verdienen.

Ist der eigene Weg, das Ziel sicher, ist die Kaiserin fest verwurzelt. Nichts wird sie von ihrem Weg abbringen. Dies gibt tiefe innere Sicherheit. Diese Sicherheit hilft ihr, Rückschläge zu ertragen und schwierige und nervenaufreibende Situationen durchzustehen. Fließen zudem ihre Leberenergie und ihre Menstruation frei, wird ihr auch in kniffligen Situationen intuitiv eine Lösung einfallen. Darauf kann sie sich verlassen. Das Einzige, was die Kaiserin tun muss, ist, für freien Fluss zu sorgen.

Manchmal stößt die Leberenergie an Grenzen. Dann hilft oft das berechnende und bewusst agierende Metall. Das heißt, wo die Intuition der Kaiserin nicht ausreicht, hilft die bewusste und kühl berechnende Planung. Werden solche Mittel mit Bedacht eingesetzt, behindern sie das Erreichen eines Zieles nicht, sondern öffnen im Gegenteil Wege durchs Gestrüpp.

Die Kaiserin lässt sich nicht von jedem in die Karten schauen. Sie zeigt warme Gefühle, wo sie welche empfindet, schadet sich aber nicht durch unkontrollierte Gefühlsausbrüche. Auf Aggressivität und Ablehnung reagiert sie offen und geschmeidig, ohne Schwächen zu zeigen. Sie bleibt höflich, auch bei Gehässigkeiten und Schlägen unter die Gürtellinie, und lässt sich nicht provozieren, denn die Kaiserin kennt ihr Ziel. Die Kaiserin ist listig und genießt den Kampf.

Sie weiß, bei jedem Kampf ist es wichtig, die Entscheidung über Ort und Zeitpunkt selbst zu treffen. Sie möchte gewinnen und nicht einfach Dampf ablassen oder ihr momentanes Recht demonstrieren. Die Kaiserin denkt strategisch und hat den längeren Atem. Dafür hält sie momentane unangenehme Situationen aus. (Bei starkem körperlichem und seelischem Missbehagen und dem Gefühl, fast zu zerplatzen, hilft der Tee *Biegsamer Bambus*.) Wenn jemand provoziert, dann ist sie es selbst, und sie hat den Zeitpunkt selbst bestimmt!

Die Kaiserin weiß, ihre Zeit wird kommen. Andere Zyklen werden kommen, andere Zeiten werden kommen. In der Zwischenzeit bleibt sie geschmeidig und flexibel, pflegt ihre Kraft und behält ihr Ziel fest im Auge. Wenn der Wagen erst am Berg angekommen ist, wird ein Weg sich auftun.

Visionen

Visionen zeigen den inneren Weg, klar sichtbar und ohne Nebel. Die Kaiserin liebt und pflegt ihre Visionen. Sie stellt sich ihre Ziele bildlich vor, sie sieht sie ganz deutlich und in Farbe vor sich. Zur Unterstützung malt oder schreibt sie sich ihr Ziel auf und schaut es sich immer wieder an.

Visionen wirken über das Auge, denn nach der traditionellen chinesischen Medizin ist das Auge die Öffnung der Leber. Und die Leberenergie drängt zur Verwirklichung. Dies gelingt umso besser, je deutlicher und klarer eine Vision ist. Die Wege zur Verwirklichung sind seltsam und geheimnisvoll, sie wirken über das Unbewusste und teilen sich auf verborgene Weise mit. Nicht alles muss vor aller Ohren ausgesprochen werden. Oft haben die unausgesprochenen Ziele die meiste Kraft. Geht etwas durch zu viele Zungen, zerstreut es sich und verliert an Stärke.

Visionen brauchen Raum und Weite. Ein freier Blick lässt Visionen sichtbar werden. Dies gelingt hoch in den Bergen, entlang von Flüssen, am Meer und unter wolkenziehendem Himmel. Überall, wo Energien frei fließen und der Blick unverstellt ist.

Günstige Zeit für Visionen ist die Nacht und der Sonnenaufgang. Während einer visionären Nachtwanderung trägt die Kaiserin das Haar offen und die Kleidung locker. Die Kaiserin geht durch ihre Angst hindurch – Visionen brauchen Mut. Vielleicht muss die Kaiserin eine Zeit allein schlafen, die Träume kraftvoll werden lassen, den Visionen Raum geben.

Die Kaiserin ist entspannt und gelassen, wenn sie sich etwas Großes vorstellt, und konzentriert bei Kleinigkeiten.

Sie weiß, Energie muss fließen, um in die Tiefe zu kommen. Dort wirkt das Unergründliche. Die Kaiserin lässt ihre Visionen los, damit sie sich verwirklichen können. Das Unergründliche wirkt im Dunkeln.

Die Kaiserin trinkt den Tee *Biegsamer Bambus*

Dies ist der klassische Tee zur Behandlung einer Vielzahl von »Frauenleiden«. Er hilft vor allem gegen die Stimmungsschwankungen und das Gefühl, am liebsten aus der Haut zu fahren, das manche Frauen vor der Menstruation erleben. Durch die allgemeine Entspannung wird Menstruationsbeschwerden mit Bauchkrämpfen oder klumpigem Blut vorgebeugt. Japanische Wissenschaftler haben nachgewiesen, dass die Mischung günstig auf die Funktionen der weiblichen Keimdrüsen einwirkt und einen gestörten Hormonspiegel reguliert.

Die Kaiserin bestellt am besten zwei Wochenrationen und beginnt zirka zehn bis zwölf Tage vor der Menstruation oder aber nach dem Eisprung mit der Einnahme des Tees. Ist der Zyklus sehr unregelmäßig, kann eine Spezialistin für chinesische Kräutertherapie helfen, ihn zu normalisieren. Dies geht nicht in Selbstbehandlung.

Kaiserinnenelixier: *Biegsamer Bambus*

Radix Atractylodis macrocephalae	40 g
Radix Angelicae sinensis	40 g
Radix Paeoniae lactiflorae	40 g

Poria Cocos	40 g
Radix Bupleuri	40 g
Radix Glycyrrhizae praeparatae	20 g

Die angegebene Menge reicht für eine Woche. Die doppelte Menge, für zwei Wochen, wird empfohlen. Der Tee wird zwanzig Minuten mit einigen Scheiben frischem Ingwer gekocht. Ganz zuletzt lässt man zwei Beutel Pfefferminztee in der heißen Brühe kurz aufkochen und ziehen. (Zur Zubereitung siehe Seite 249 ff.)

Meistens hilft der Tee schon innerhalb eines Zyklus! Die Einnahme kann während des zweiten Zyklus wiederholt werden. Falls dann keine Besserung eingetreten ist, sollte die Kaiserin professionellen Rat einholen.

KAISERINNENSÄTZE

- Die Kaiserin kennt ihre Ziele.
- Die Kaiserin denkt strategisch.
- Die Kaiserin liebt und pflegt ihre Visionen.
- Die Kaiserin bündelt ihre Kraft.
- Die Kaiserin ist listig und genießt den Kampf.

6

Magie, Liebe, Selbstverwirklichung
Leber – Blut – Menstruation

Im Jahre 654 ist sich Wu Zhao der Liebe und Achtung des Kaisers Gao Zong sicher. Wu Zhao ist Konkubine und möchte die Frau des Kaisers werden. Das Machtnetz unter den Lebenden am Hof ist geknüpft. Nur noch die Hilfe der Toten fehlt. Blutmagie. Wu Zhao will die Ahninnen herbeirufen. Um Mitternacht. Kräfte stärken. Visionen aussenden. Doch klumpig fließt ihr das Blut und stockend. Krämpfe quälen ihren Leib. Sei bereit, Wu Zhao! Magie braucht zinnoberrotes Blut, gleichmäßigen Fluss!

Wu Zhao sammelt Kräuter, trocknet Käfer und Würmer, füllt Gefäße. Wu Zhao braut Tee und trinkt Zinnoberroter Fluss. *Frei fließt das Blut aus der Jadepforte, warm und kraftvoll ist der Leib.*

Am Abend bereitet Wu Zhao den Platz. Warme Kammer, geschützter Raum. In der Nacht kommen die Ahninnen und weiblichen Geister herbei. Sitzen im Kreis, bündeln die Kraft. Offen ist Wu Zhao, Kraft durchströmt sie. Steh auf, Wu Zhao! So flüstern die Ahninnen. Und Wu Zhao wandelt durch den Palast. Still ist es, sie ist allein. Wu Zhao sitzt auf dem Pfauenthron des Kaisers. Still in der Nacht. Tiefstes Yin. Etwas Blut bleibt zurück, wirkt auf dem Thron.

Wu Zhao sammelt Kräuter, Kakerlaken und Würmer, Skorpione und Tausendfüßler, viele Gefäße voll. Braut Tee für den Kaiser, braut Tee für Freundinnen und Verbündete. Beliebt ist Wu Zhao.

Kaiserin Wang spürt die Gefahr. Die Konkubine braut heimtückische ku-Gifte*. »Bestraft die Hexe«, schreit sie.
»Wu Zhao hat die Windkrankheit** meines armseligen Körpers geheilt«, spricht der Kaiser.
Im Jahre 655 verstößt der Kaiser Gao Zong die Kaiserin Wang und heiratet Wu Zhao. Empörung hallt durch den Hof.

Die Magie des Blutes

Von jeher nutzten Frauen die Kraft ihrer Menstruation für Rituale, um ihre Intuition zu stärken, in Trance zu geraten, Ahninnen zu befragen und die eigene Kraft zu leben. Für die meisten Männer ist dies erschreckend. Daher werden menstruierende Frauen in patriarchalischen Kulturen als unrein betrachtet. Auch in unserer Gesellschaft wird alles getan, um die »Unreinheit«, die Säfte, die aus der schreckeinflößenden Vagina fließen, »diskret und hygienisch« zu beseitigen. Tampons in allen Größen und Zwischengrößen und immer raffinierter geformte Slipeinlagen und Binden werden erfunden, um Frauen zu helfen, ihr »pein-

---

* Als *ku* wurden im alten China todbringende Getränke bezeichnet, die im Rahmen der schwarzen Magie unter Verwendung von giftigen Schlangen und Insekten zubereitet wurden. Die Herstellung solcher Substanzen stand unter schwerster Strafe.

** Historiker erwähnen eine Windkrankheit des Kaisers Gao Zong. Beispiele von Windkrankheiten sind Migräne, Epilepsie, Ohrensausen, Schlaganfall, Gesichtsschmerzen, Bluthochdruck, sie werden bis heute erfolgreich mit Insektengift behandelt.

liches« Problem zu verbergen. Die Menstruation darf keiner sehen oder gar riechen, alles muss im Verborgenen stattfinden. Groß ist die Angst vor der entfesselten, chaotischen Macht des weiblichen Blutes.

So entwickeln Frauen nur selten ein ungetrübtes und harmonisches Gefühl zu den Tagen ihrer Kraft. Selbst Frauen mit ungestörter Menstruation empfinden diese bestenfalls als lästig. Bei den meisten aber behindern Scham und das Gefühl von Fremdheit den freien Fluss der Energie. In der Folge wird der Unterleib anfällig für Kälte. Die Kälte aber, hat sie sich erst einmal ausgebreitet, behindert den Fluss noch mehr. Es kommt zu Schmerzen, klumpigem Blut und zum Verlust der weiblichen Kraft.

Westliche Gynäkologiebücher empfehlen die Lösung des Problems »gestörte« Menstruation auf männlich-technische Weise: durch Einnahme der Pille. Die gesamte Entfaltung des Zyklus wird unterbunden. Die Frauen haben keine Menstruationsprobleme mehr – verlieren aber ihre zyklische Kraft.

Menstruationsbeschwerden bedeuten nicht nur eine Störung der Menstruation. Die Blutungstage machen nur einen kleinen Teil des ganzen Auf und Ab des weiblichen Zyklus aus. Sie zeigen aber oft schmerzlich deutlich, dass die Harmonie gestört ist. Um diese Störungen zu verstehen, ist es wichtig, den Menstruationszyklus energetisch zu betrachten und so zu verstehen, wie sich Yin und Yang innerhalb dieser Zeit verändern, abwechseln und gegenseitig bedingen.

Was passiert energetisch

Yin und Yang des Menstruationszyklus

Im Verlauf des Zyklus wandeln Yin und Yang sich unaufhörlich. Abwechselnd wachsen sie und gehen auf dem Höhepunkt ihrer Entfaltung in ihr Gegenteil über. Die Chinesen sprechen von Ebbe und Flut.
Eine Frau, die dieses subtile Wechselspiel versteht und erlebt, kann im Fluss ihrer eigenen Energie leben und dabei – wie ein Gezeitenkraftwerk – auf große Kräfte zurückgreifen, anstatt mühevoll immer wieder gegen sich selbst zu arbeiten.

Erste Zyklusphase – die Sammlung: wachsendes Yin
(vom Ende der Menstruation bis zum Eisprung)

Während dieser Phase entwickelt sich die Yin-Kraft, und die Frau ruht zunehmend stabil in sich selbst. Die Uterusschleimhaut baut sich auf. Dies ist eine ruhige Phase, in der die Frau eher nach innen blickt, ihr Leben überdenkt und Ressourcen sammelt. Störungen dieser Phase sind nicht selten, werden aber nicht so häufig wahrgenommen wie Störungen der dritten, prämenstruellen Phase. Das Yin richtet sich nach innen. Bei Störung entsteht eine ruhige, matte und lustlose Traurigkeit. Ausfluss, dicke Beine, Schweregefühl und Bindegewebsschwäche sind körperliche Anzeichen davon. Solche Probleme sind meist durch zu viel Feuchtigkeit bedingt und werden durch Stärkung der Erde behoben. (Vergleiche Kapitel 7.)

Zweite Zyklusphase – die heißen Dämpfe: Das junge Yang entsteht (Eisprung und eventuell Befruchtung)

Dies ist eine geheimnisvolle Phase, in der, wie es in China heißt, die heißen Dämpfe entstehen. In der Atmosphäre der heißen Dämpfe können männliche und weibliche Essenz verschmelzen. Damit diese Dämpfe entstehen, muss das junge Yang wie ein zündender Funke das nun voll entwickelte Yin in Aufruhr versetzen.

Dies gelingt nicht immer. Dann bleibt nicht nur die Ovulation aus. Fehlt der zündende Funke, wächst das Yang nur zögerlich: Solchen Frauen fehlen oft Pep, Esprit, Lebenslust und sexuelle Ausstrahlung. Die Chinesen sprechen vom kalten Unterleib.

Die Betroffenen neigen dazu, ihr Leben ordentlich und präzise zu planen. Metallkräfte (vergleiche Einleitung, Fünf Wandlungsphasen) nehmen überhand und verhindern Spontaneität. Erst wenn die ebenfalls präzise geplante Schwangerschaft ausbleibt, zeigt eine Untersuchung der Basaltemperatur, dass es gar nicht zum Eisprung gekommen ist. (Vergleiche Kapitel 8.)

Dritte Zyklusphase – das Anschwellen: wachsendes Yang
(nach dem Eisprung bis zur Menstruation)

In der zweiten Zyklushälfte, nach dem Eisprung, steigt das Yang kontinuierlich bis zur Menstruation an. Die Körpertemperatur ist nun höher als in der ersten Zyklushälfte. Die Anwesenheit des Yang zeigt sich bei der Frau durch Kraft und Lust an körperlicher Aktivität. In dieser Phase hat sie Schwung und Energie. Dies ist die Zeit, sich Herausforderungen der Außenwelt zu stellen, geplante Projekte zu realisieren, Auseinandersetzungen offen auszutragen und schon lange anvisierte Liebhaber zu verführen. Der Körpergeruch wird animalischer und der Unterleib heißer.

Wenn diese Energie nicht umgesetzt oder genutzt wird, staut sie sich im Inneren des Körpers. Es entsteht gereizte Stimmung, emotionale Erregbarkeit, Übersensibilität und eine unübersehbare Anzahl von zum Teil sehr intensiven körperlichen Missempfindungen. (Vergleiche Kapitel 5.)

Vierte Zyklusphase – die Flut: Extremes Yang schlägt in junges Yin um (Menstruation)

Auf dem Höhepunkt der Yang-Entfaltung kocht das Meer des Blutes, die Essenz der Frau, über. Es kommt zur Blutung. Die Blutung ist nur möglich, wenn die Ursprungskraft in den Nieren voll entwickelt ist. Dies ist im Alter zwischen vierzehn und neunundvierzig Jahren der Fall. Diese in chinesischen Klassikern genannten Altersgrenzen können entsprechend der angeborenen Kraft der Frau und ihrer Lebensführung stark variieren.

Der Moment, in dem das alte Yin vergeht und das Yang sich ins Extrem entfaltet und aus sich heraustritt, das neue körperliche und bewahrende Yin aber noch nicht geboren ist, ist der Zeitpunkt der völligen Öffnung und Ekstase. Hier kann die Frau sich von der starken Yang-Flut aus sich selbst heraustragen lassen. Der gleiche Zustand wird auch während einer Geburt erlebt. Die Frau kann Zutritt zu Dimensionen erlangen, die normalerweise nur medial begabten Menschen oder Menschen unter dem Einfluss bestimmter Drogen offen stehen.

Dieser Moment ist sehr kurz und wird viel zu selten bewusst erlebt. Stattdessen leiden viele Frauen unter Schmerzen, die ihre Ursache in schon vorher blockiertem Qi oder eingedrungener Kälte haben. Das Hantieren mit Tampons und Schmerzmitteln, Schweißausbrüche, Erschöpfung und die »Notwendigkeit«, sich ja nichts anmerken zu lassen, nehmen die meisten Frauen voll in Anspruch. Keine Zeit für Ekstase.

Da es niemals ein Yang ohne Yin gibt, ist auch in dieser Phase des extremen Yang schon der Keim für das junge Yin enthalten. Während die Energien sich nach außen voll entfalten, entsteht in der Frau ein nach innen gerichteter Sog. Dies ist der Moment, in dem sie offen und sensibel für sehr feine Wahrnehmungen ist. Die intuitiven Fähigkeiten sind voll entfaltet – wenn sie es zulässt.

Aus dem jungen Yin wird, wenn die Menstruation beendet ist, in der folgenden Zyklusphase der Sammlung das stabile und ausgereifte Yin. Nun ruht die Frau wieder in sich und kann sich sammeln.

Das Bild

Während der Menstruation ist das junge Yin klein und zart. Die Frauen sind offen und sensibel, aber auch ungeschützt. Der subtile Sog nach innen bewirkt, dass nicht nur Intuition und gute Kräfte, sondern auch schädliche und aggressive Einflüsse leicht in die Frau eindringen können. Solche Einflüsse können in Form von unangenehmen Menschen, Lebenden und Toten, aber auch in Form von kosmischen Kräften wie Wind, Kälte und Feuchtigkeit auftreten.

Am gefürchtetsten ist die Kälte, die Yin-Charakter besitzt und daher leicht ins ungeschützte Innere vordringt. Nur selten verflüchtigt sich tief eingedrungene Kälte spontan wieder. Neben Störungen durch blockierte Leberenergie und stagnierenden Blutfluss ist Kälte die wichtigste Ursache für eine schmerzhafte Menstruation. Die Schmerzen durch Kälte sind besonders heftig und wiederholen sich, wenn die Kälte einmal eingedrungen ist, Monat für Monat. Eine Kaiserin wird daher ihren empfindlichen Unterleib in dieser Zeit besonders schützen. Ist sie doch einmal Opfer von Kälte geworden, treibt sie diese durch heiße Drogen wie Pfeffer und Fenchel wieder aus. Unterschiedliche Störungen verändern das Blut und den Blutfluss auf charakteristische Weise. Daher wird in der chinesischen Medizin bei Beschwerden jeder Art immer sehr genau nach der Menstruation gefragt.

Obwohl für eine genaue Diagnose der gesamte Zustand, vor allem auch Puls und Zunge berücksichtigt werden müssen, kann die Beobachtung der Menstruation der Kaiserin helfen, sich selbst besser zu verstehen.

Die ungestörte Menstruation dauert drei bis fünf, maximal sieben Tage und ist schmerzfrei. Der Strom fließt ununterbrochen. Das Menstruationsblut sollte zu Beginn leuchtend rot sein und im Verlauf der Blutung etwas dunkler werden. Es ist völlig frei von Klumpen, geruchlos und auf keinen Fall wässrig oder schleimig. Nach Beendigung der Blutung tröpfelt es nicht nach.

Das tut die Kaiserin

Die Kaiserin weiß, die Zeit der Menstruation ist eine magische Zeit. Sie sieht die Möglichkeiten, die sich auftun, wenn sie selbst durchlässiger und sensibler wird. Sie spürt mehr und deutlicher, was sich in ihrer Umgebung abspielt. Sie fühlt deutlicher, was andere wirklich von ihr wollen. Lügen und Unstimmigkeiten werden in dieser Zeit von der Kaiserin leichter erkannt, sie hat ein Gefühl für Falschheiten. Mehr als zu irgendeiner anderen Zeit weiß die Kaiserin nun, was wirklich gut für sie ist.
Eine menstruierende Frau ist offen für äußere Einflüsse, gute und böse. Offen für Visionen. Darum entscheidet sie sich ganz genau, mit welchen Menschen sie sich während ihrer Menstruation umgibt und mit welchen nicht. Sie weiß, sie kann verletzt werden, wenn sie nicht aufpasst. Sie weiß auch, dass es Zeit ist, ihrer eigenen Stimme zu lauschen.
Die Zeit der Menstruation ist auch die Zeit, Schwächen von anderen Menschen zu durchschauen, den Menschen auf den Grund der Seele zu blicken und, vielleicht intuitiv, einen Weg zu finden, Gegnerinnen auf die eigene Seite zu

ziehen oder sie zu besiegen. Kaiserliche Künstlerinnen wissen davon und nutzen die Inspirationen dieser Zeit.
Die Kaiserin lässt los, sie weiß, alles muss fließen. Ist sie zum Kontakt mit ihr widerstrebenden und unangenehmen Menschen gezwungen, nutzt sie ihre Durchlässigkeit, um schlechte und unangenehme Einflüsse gleich wieder loszulassen. Dazu bedarf es eines starken und frei fließenden Menstruationsflusses. Dabei kann sie auch den Tee *Zinnoberroter Fluss* zu Hilfe nehmen. Wenn er aber zu stark fließt und die Kaiserin das Gefühl hat, all ihre Kraft fließe ihr davon, kann sie intensiv üben, ihr Yin zu versiegeln. (Vergleiche Kapitel 4.)
Neue Kraft nach der Menstruation gibt das *Elixier, das die Jugend zurückholt*. (Vergleiche Kapitel 7.) Sehr starke Blutungen und »Blutstürze« bedürfen der professionellen Behandlung mit chinesischen Kräutern.
Die Kaiserin weiß, je stärker und wärmer ihr Unterleib jetzt ist, umso weniger können eventuelle negative Einflüsse von außen ihr etwas anhaben. Seien es nun die Ausstrahlung oder Worte unangenehmer Menschen oder physische Kälte und Nässe.
Während der Menstruation kann sich Kälte besonders leicht und besonders hartnäckig festsetzen. Darum schützt die Kaiserin sich vor der Kälte. Sie hält ihren Unterleib warm. Unsere Großmütter wussten noch um die schädigende Wirkung der Kälte, darum trugen sie Wollhöschen. Die Kaiserin kleidet sich entsprechend ihren eigenen Bedürfnissen. Sie ist nicht allzeit bereit, in aufreizenden Dessous Männer zu erfreuen. Sie trägt Dessous, wenn sie selbst es möchte und um sich selbst anziehend und erotisch darin zu fühlen. Ein kalt gefrorener Hintern,

ein kalter Unterleib und monatliche Schmerzen machen ihr aber weder Freude noch Lust. Die Kaiserin richtet sich nach ihrer eigenen Lust.
Die Kaiserin meidet auch die Abkühlung durch einen nassen Badeanzug.
Die Kaiserin ist achtsam mit sich. Wenn es nötig ist, benutzt sie einen Pullover oder Wollschal als Sitzunterlage. Dies wärmt und schirmt ab. Sie lässt sich durch keine Mode kaltstellen.

Wenn die Yang-Energie der zweiten Zyklushälfte nicht durch Emotionen blockiert wird und keine Kälte in den Körper eindringt, ist die Menstruation meistens ungestört. Bei dennoch auftretenden Problemen hilft sich die Kaiserin mit dem Tee *Zinnoberroter Fluss*. Er regt den Fluss der monatlichen Essenz an, löst Blockaden, wärmt und umgibt den Uterus mit einem starken Schutz.
Wirkungsvolle chinesische Rezepte gegen Blockaden des Blutes enthalten bis heute Insekten, die durch ihre Enzyme nachweislich Blutgerinnsel auflösen können. Die alten Chinesen sagten, dass die schnellen Krabbeltiere ihre quirligen Eigenschaften auf das Blut übertrugen. Kein Wunder, dass die Gebräue der Wu Zhao der Kaiserin Wang suspekt waren.
Moderne Kaiserinnen werden einen Tee vorziehen, der mit pflanzlichen Zutaten auskommt. Die chinesischen Buddhisten würden ihnen Recht geben, sie warnten davor, für das Wohlbefinden der Menschen andere Lebewesen zu töten.

So hilft sich die Kaiserin bei Menstruationsbeschwerden

Unser Tee ist aus oben genannten Gründen insektenfrei. Er löst Blockaden, bringt das Blut zum Fließen, erwärmt den Unterleib und beseitigt dadurch Schmerzen. Seine besondere Wirkung wird durch die Verwendung von Myrrhe und Weihrauch erzielt, die nicht nur das Blut zum Fließen bringen, sondern durch ihre ätherische Wirkung auch einen Schutzschirm um die Kaiserin legen und dafür sorgen, dass üble Einflüsse sich weit nach außen verflüchtigen.

Kaiserinnenelixier: *Zinnoberroter Fluss*

Radix Angelicae sinensis	15 g
Tuber Corydalis	15 g
Pollen Typhae	15 g
Radix Paeoniae rubrae	15 g
Cortex Cinnamomi	15 g
Tuber Curcumae aromaticae	9 g
Olibanum	9 g
Myrrha	9 g
Rhizoma Cyperi	9 g
Radix Glycyrrhizae praeparatae	7 g

Die angegebene Menge reicht für vier Tage. Alle Zutaten werden zwei bis drei Tage vor der erwarteten Menstruation in einem Liter Wasser eingeweicht und dann zwanzig Minuten lang gekocht. Der Absud wird im Kühlschrank aufbewahrt und im Verlauf der folgenden vier Tage portionsweise vor dem Essen erwärmt und getrunken.

Da Weihrauch und Myrrhe flüchtige Substanzen sind, ist es noch besser, den Tee täglich zuzubereiten. (Zur Zubereitung siehe auch Seite 249 ff.) Achtung: Durch die harzigen Inhaltsstoffe verkleben Kochtöpfe leicht.

Falls die Menstruation während der Einnahme schon beginnt, kann der Tee ohne Probleme weitergetrunken werden. Wenn die Menstruation sehr unregelmäßig ist, können der Tee und auch die Menstruationsmagie keine Wirkung entfalten. Zur Regulierung eines unregelmäßigen Zyklus sollte professioneller Rat eingeholt werden. Fast jeder Zyklus kann mit chinesischer Medizin reguliert werden. Dafür muss nicht die Pille eingenommen werden. Dieser Tee sollte auf eigene Faust nicht über längere Zeit eingenommen werden.

So erkennt die Kaiserin, welche Ursachen ihre Menstruationsbeschwerden haben:

- viel rotes Blut, das nicht dunkel wird: Hitze
- dunkles Blut: Hitze, Kälte, Stagnation
- klumpiges Blut: Stagnation jeder Art
- blasses Blut: Leere, Feuchtigkeit
- Geruch: feuchte Hitze
- zu frühe Menstruation: Hitze
- zu späte Menstruation: Kälte
- zu starke Menstruation: Fülle und Hitze
- zu geringe Menstruation: Leere und Kälte
- unterbrochene Menstruation: Blockade
- endlos nachtröpfelnde Menstruation (länger als sieben Tage): Qi-Leere

- Krämpfe, Schmerzen vor der Menstruation:
  Blockade des Leberqi
- sehr schlimme Schmerzen vor und während der Blutung: Blockade durch Kälte
- leichter, ziehender Schmerz nachher:
  Leere der Nierenenergie
- Ausfluss sofort im Anschluss an die Blutung: Feuchtigkeit

Die Abbruchblutung bei der Einnahme von Hormonen (»Pille«) gilt nicht als Menstruation, sondern als passives Abfließen toter Substanzen und kann daher nicht gewertet werden.

Bei Hitze oder feuchter Hitze (Geruch, brennender Ausfluss) kann die Kaiserin den *Tee für die kühle Göttin* nehmen. (Vergleiche Kapitel 3.) Bei Feuchtigkeit und Leere helfen die Empfehlungen aus Kapitel 7.
Wenn die Blutung nicht mehr aufhören will, hilft es oft, das Yin-Versiegeln zu üben, wie es im Kapitel 4 beschrieben wird. Es dauert allerdings einige Wochen oder Monate, bis eine deutliche Wirkung eintritt.
Bei Leere der Nierenenergie helfen ebenfalls die Ratschläge aus Kapitel 4.
Sitzt Kälte besonders fest und blockiert den Fluss des Qi sehr stark, sind starke und hartnäckige Schmerzen die Folge. Eine Wärmflasche lindert kältebedingte Schmerzen und löst Blockaden. Hier hilft auch der Tee *Zinnoberroter Fluss*.
Wenn die Störung des Flusses sich schon im Vorfeld der Menstruation als PMS bemerkbar macht, kümmert sich

die Kaiserin zunächst um diese Störung ihres Yang. Sie weiß um ihre Ziele und verfolgt diese, indem sie Hindernisse entweder flexibel und strategisch umgeht oder gezielt die Konfrontation sucht. (Vergleiche Kapitel 5.) Der Tee aus Kapitel 5 hilft nicht nur gegen PMS, sondern auch gegen blockadebedingte Schmerzen.

Die Selbstbehandlung hat Grenzen. Die Diagnose und Therapie von Menstruationsstörungen ist ein umfangreiches und kompliziertes Spezialgebiet innerhalb der chinesischen Medizin. Bei weiter bestehenden Beschwerden sollte die Hilfe einer Ärztin für chinesische Medizin in Anspruch genommen werden.

Exkurs: Menstruationsmagie

Die gesamte Macht der Menstruation steht der Kaiserin nur zur Verfügung, wenn die Blutung flüssig, frisch, »zinnoberrot«, ungehemmt und frei von Beschwerden jeder Art fließt.
Menstruationsmagie wirkt, und zwar auf verschiedenen Ebenen. Darum ist die Kaiserin wach und aufmerksam, wenn sie Magie betreibt. Sie entwickelt ihre eigenen Rituale. Denn für die Kaiserin gelten keine festen Regeln, Vorschläge nimmt sie als Anregung, ihre eigene Zeremonie zu inszenieren.
Die Menstruationsmagie wird auf dem Höhepunkt der monatlichen Blutung durchgeführt. Die dünnflüssigwässrige Abbruchblutung bei Hormoneinnahme gilt, wie bereits erwähnt, nicht als Menstruation.

Eine gestörte Menstruation ist das deutlichste Zeichen dafür, dass die betroffene Frau von den Quellen ihrer Kraft abgeschnitten ist. Die chinesische Medizin lehrt: »Das Blut ist die Wurzel der Frau.«

Die Tageszeit für Menstruationsmagie ist Mitternacht. Zu dieser Stunde erreicht das Yin in der Natur seine größte Entfaltung.
Während der Menstruation ist die Frau offen für äußere Einflüsse und Visionen. Dies gilt für positive und negative Einflüsse gleichermaßen. Daher konzentriert die Kaiserin sich auf Einflüsse, die für sie hilfreich und gut sind. Dies sind ihre weiblichen Vorfahren, die Geister der Ahninnen.
Um ihre Gedanken zu klären und Dämonen abzuhalten, hat die Kaiserin einen Zyklus lang kein Fleisch, keine Zwiebeln oder scharfen Gewürze und keinen Alkohol oder andere Genussmittel zu sich genommen. Die moderne Kaiserin hütet sich außerdem vor künstlichen Nahrungsmittelzusätzen und Pflanzenschutzmitteln, wenn sie eine Menstruationsmagie durchführen will.
Vor der Zeremonie muss der Raum gründlich gereinigt und geordnet werden. Danach wird er mit Weihrauch oder zeremoniellen Räucherstäbchen (keine parfümierten Raumbedufter) ausgeräuchert.
Wichtig ist, dass die Kaiserin einen Platz für ihre Beschwörungen findet, an dem sie auf keinen Fall gestört oder beobachtet werden kann.
Nun zieht die Kaiserin einen Kreis auf dem Boden. Der Kreis wird idealerweise mit Menstruationsblut gezogen. Aber auch eine Hand, an der das Monatsblut der Kaiserin haftet, wirkt durch die Vorstellungskraft der Kaiserin auf

den Boden und oder in die Luft. Wenn die Kaiserin möchte, kann sie auch einen Kreis aus roter Tusche oder Kreide ziehen. Kerzen, am besten aus Bienenwachs, um den Kreis herum halten schädliche Einflüsse fern.

In den Kreis (der Kreis schützt sie vor Besessenheit, die Ahninnen bilden dann diesen Kreis, treten aber nicht in ihn ein) setzt sie sich in ihre persönliche Meditationsstellung und konzentriert sich auf das Fließen aus ihrem Uterus. Indem sie, was sie außer während der Menstruation nie tut, den Yang-Anteil ihrer Essenz frei ausfließen lässt, wird sie ganz leer und aufnahmefähig für die Kräfte der Ahninnen.

Um die Ahninnen herbeizurufen, muss sie intensiv an diese denken. Sie kann sie auch, wenn sie möchte, beim Namen rufen. Außerdem kann sie Gegenstände, die den Ahninnen einmal gehört haben, Fotos oder Figuren, die für sie eine bestimmte Frau symbolisieren, oder Erde von deren Grab mit in den Kreis legen. Starke und machtvolle Menschen wirken auch nach dem Tod.

Es ist leichter, sich auf eine Verwandte zu konzentrieren, die die Kaiserin gut gekannt hat und der sie vertraut. Zum Beispiel eine verstorbene Großmutter. Diese wird der Kaiserin mit ihrem Wesen zur Seite stehen, sie vor bösen Einflüssen beschützen und ihr helfen, die Reihe der entfernteren Ahninnen herbeizurufen. Menschen, die die Kaiserin geliebt haben, tun dies auch nach dem Tod.

Die Anwesenheit der Ahninnen fühlt sich so an, als wäre jemand im Raum. Bei manchen Kaiserinnen wird das Gefühl sehr deutlich sein, bei manchen nur sehr vage. Manche Geister hinterlassen auch einen Geruch im Raum oder machen sich auf andere Weise bemerkbar.

Die Kaiserin kann nun ihre Ahninnen darum bitten, ihr Herz zu klären, sie bei ihren Plänen zu unterstützen, ihr bei der Lösung eines wichtigen Problems zu helfen oder einfach ihre Kräfte mit ihr zu vereinen und sie zu beschützen. Die Ahninnen werden der Kaiserin mit ihrem Wesen, ihrer Essenz, als Hilfe zur Verfügung stehen. Geister sollten nicht mit Banalitäten oder egoistischen Wünschen (ich möchte im Lotto gewinnen) belästigt werden, sonst ziehen sie sich zurück.

Wenn die Kaiserin sich unbehaglich zu fühlen beginnt, was manchmal vorkommt, kann sie die ihr nahe stehende Ahnin als Schutzgeist um Hilfe bitten, genau wie sie auch eine lebende Frau um Hilfe bitten würde. Ungebetene »Besucher« und Dämonen gehen, wenn man sie mit »Geh weg« oder »Verschwinde« deutlich dazu auffordert.

Besondere Beschwörungsformeln, Gesänge und Hokuspokus sind nicht notwendig, wenn die Kaiserin offen für kosmische Kräfte ist. Dies liegt im Wesen der Menstruation selbst.

Wenn die Kaiserin die Zeremonie beenden möchte, verabschiedet sie sich höflich von ihren Ahninnen und bedankt sich für deren Hilfe.

Wichtig ist es, die Zeremonie ernsthaft, aber entspannt und gelassen durchzuführen. Das Herbeirufen von Ahninnen ist weder absonderlich noch bedrohlich. Es kann jeder Frau helfen, ungeahnte Kräfte zu mobilisieren, indem sie sich als Teil einer starken Gemeinschaft fühlt, als Glied in einer langen Kette von Frauen.

Magie hat ihre eigenen Gesetze. Sie wirkt im Verborgenen. Die Kaiserin spricht mit niemandem über das, was sie tut. Niemals. Vor allem aber hütet sie sich davor, die magischen Kräfte für üble Zwecke zu verwenden. Wer anderen etwas Böses wünscht, schadet sich selbst. Der geringste üble Hintergedanke während einer magischen Sitzung mobilisiert Kräfte, die sich am Ende gegen diejenige wenden werden, die sie hervorgerufen hat. Üble Wünsche können nur von bösen Geistern erfüllt werden, die dann bei der Beschwörerin bleiben und sie geistig vergiften.

Während der Menstruation kann die Kaiserin ihre Kräfte potenzieren. In jeder Richtung. Daher wählt sie sorgfältig, was sie will.

Exkurs: Liebeszauber

Die Kaiserin kann das Menstruationsblut auch als Liebeszauber benutzen. Sie kann damit einen anderen Menschen an sich binden. Die Kaiserin überlegt sich ganz genau, was sie tut. Sie weiß, Bindungen können auch Nachteile haben, die sich erst später zeigen.

Am wirkungsvollsten ist es, wenn die Kaiserin ihr Menstruationsblut dem Auserwählten zu trinken gibt. In rotem Wein oder anderweitig verabreicht, wirkt es unwiderstehlich. Der Liebeszauber arbeitet auf der Ebene der animalischen Instinkte, darum muss er im Verborgenen betrieben werden. Anerzogener Ekel oder Angst kann alles verderben.

Das Verbot und der Ekel vor dem weiblichen Blut sind patriarchalisch geprägt, Angst vor der wilden Frau, Angst vor den übermächtigen Trieben, Angst vor dem Chaos. In Wahrheit aber will der Mann Blut lecken, reizt ihn das Blut, spricht das Blut nicht nur alte Jagdinstinkte an, es bringt ihn um den Verstand. Wenn der Verstand aus-

geschaltet ist, reagiert der Instinkt, und nichts ist besser für das reine Vergnügen der Kaiserin.
Es gibt Zeiten, da kann der logische Verstand alles verderben. Magierinnen sprechen darum nicht über Rituale.

KAISERINNENSÄTZE

- Die Kaiserin ist wild und geheimnisvoll.
- Die Kaiserin kennt die Quellen ihrer Kraft.
- Die Kaiserin weiß um Ebbe und Flut.
- Die Kaiserin genießt die Macht ihrer Magie.
- Die Kaiserin spinnt mit großem Vergnügen.

7
Die unsichtbare Frau
Spätsommer – Erde

Im Jahre 655 wird aus der Konkubine Wu Zhao die Frau des Kaisers Gao Zong. Neue Kaiserin – neue Hauptstadt. Die neue Residenz in Luoyang entsteht. Jahrelang bereist das Kaiserpaar das Reich. Vier Kinder bringt Wu Zhao zur Welt. Große Reisen, Kriege und Erschöpfung. Erst vierzig Jahre zählt Wu Zhao und ist doch blutleer und blass. Ihr Wort zählt nicht. Der Kaiser beachtet sie nicht. Die Konkubinen frohlocken. Ihre Feinde schöpfen neuen Mut.
Allein, was hilft Weinen, was hilft Klagen? Im inneren Palast hält Wu Zhao Rat mit daoistischen Weisen und erhält das Elixier, das die Jugend zurückholt.
Die Feinde vernehmen von ihrem Tun und hetzen: »Oben ist der Himmel und unten die Erde. Seit alters war die Frau dem Manne untertan. Die Kaiserin aber missachtet die ehrwürdigen Gesetze von Himmel und Erde. Im inneren Palast trifft sie unkastrierte Männer und betreibt verbotene Künste. Der Himmel zürnt, die Erde ist in Aufruhr. Verstoß eilends das alte Weib, sonst stürzt das Reich in großes Chaos!«
Im Jahre 665 will der Kaiser Wu Zhao verstoßen. Doch Wu Zhao hat ihre Kraft wiedererlangt, stärker ist sie als je zuvor. Sie eilt zum Kaiser und spricht: »Sieh mich und sieh diese Menschen. Will der Edle dem Rat der geringen Menschen folgen oder dem der Kaiserin?«
Der Kaiser sieht Wu Zhao, stark und strahlend; er sieht Wu Zhao, die Kaiserin. Die Ankläger müssen sterben.

Von da an nimmt die Kaiserin teil an allen Anlässen. Keine Regierungsangelegenheit, groß oder klein, die sie nicht hört. Die gesamte Macht des Reiches liegt in ihren Händen. Belohnung und Bestrafung, Leben und Tod, sie entscheidet. Der Herrscher faltet die Hände im Schoß. Am Hof und im Land heißen sie die zwei Heiligen.

Das große Staatsopfer für den Himmel: Seit Jahren schreckt der Kaiser, der Himmelssohn, davor zurück. Gelingt das Opfer, blüht das Reich. Misslingt es aber, ist die chinesische Welt dem Untergang geweiht. Kleine Fehler spiegeln sich im Großen.

»Kompliziert ist das Ritual. Kompliziert und aus ehrwürdiger Vorzeit. Wer von uns Heutigen kann es verstehen? Der Himmelssohn möge sich hüten, der Himmelssohn möge sich hüten«, mahnen die Konfuzianer.

Das große Staatsopfer: Wie seit Beginn der Welt opfert der Kaiser mit seinen Männern dem Himmel.

»Weiblich ist die Erde, die uns nährt«, spricht Wu Zhao und führt ihre Frauen in eine neue Zeremonie, bei der sie der Erde opfert.

»Welch Frevel«, zürnen die Feinde.

»Warum sich an überholte Regeln halten?«, spricht Wu Zhao.

Erschöpfung – Geplünderte Erde

Hier wirkt noch der Geist überholter Frauenwelten. Die graue Maus, die farblose Frau. Sie nimmt wenig Platz ein. Steht unsicher oder in der hintersten Reihe, sitzt auf der Stuhlkante oder sucht sich, wenn sie die Wahl hat, immer den unbequemsten Sitzplatz aus. Niemals würde sie sich erlauben, den größten Sessel zu besetzen. Schon als junge Frau erwartet sie, unbeachtet zu bleiben, erwartet, Ablehnung und Misserfolg, was dann oft auch eintrifft. Vorwürfe und Missachtung scheinen zu bestätigen, dass sie nichts taugt. Nur zaghaft bittet sie um das Wort, in das ihr dann jeder fällt.

Sie wird ausgenutzt und zur Seite geschoben, denn dass von ihr kein Widerstand zu erwarten ist, spürt jeder sofort. Sie gibt, was sie kann, und opfert sich auf. Bei Festen backt sie den Kuchen und spült das Geschirr. Sie hütet die Kinder der Freundinnen, versorgt die kranke Schwiegermutter und putzt das Haus des Sohnes. Sie kocht Kaffee für den Chef und macht unbezahlte Überstunden. Nur für sich selbst, den unwichtigsten Menschen in ihrem Leben, hat sie niemals Zeit und Aufmerksamkeit.

Im Beruf trägt sie korrekte »klassische« Kleidung, zu Hause ist sie für das Praktische und Preisgünstige. Extravaganzen sind nichts für sie. Das steht mir nicht, sagt sie und meint: Das steht mir nicht zu.

Je mehr sie nur für andere da ist, umso größer wird die Leere (und Farblosigkeit) in ihrem Innern. Schokolade hilft ihr nur kurzfristig zu vergessen, dass sie tief enttäuscht ist und sich vom Leben übergangen fühlt. Im Geheimen hat sie noch die Hoffnung, Anerkennung zu bekommen und Liebe für ihr Dienen und ihre Aufopferung. Doch diese Hoffnung erfüllt sich nicht. So geht sie, unauffällig, ewig enttäuscht und oft etwas dicklich, ihren Weg.

Hier wirkt der Zeitgeist: Manch eine beruflich erfolgreiche Frau kann ihre innere Leere gut verbergen, sogar vor sich selbst. Tagsüber brillant und strahlend, zu allen Späßen aufgelegt und allen Herausforderungen spielend gewachsen, von der Konferenz bis zum Kindergartennachmittag, immer adäquat gestylt, fit und schlank, schluchzt sie nur abends, allein vor dem Fernseher. Und morgens liegt sie wie verkatert und mit schmerzenden Gliedern im Bett. Denn wer stets Perfektion von sich fordert und in jeder Lebenslage das strahlende Superwesen sein möchte, wird irgendwann zur ausgebrannten Fassade. Da helfen keine Vitamine, Mineralstoffe und andere Nahrungszusätze.

Was passiert energetisch

Die farblose Frau hat eine schwache Erde*, eine schwache Mitte. Sie ruht nicht in sich, und ihr fehlt die Sicherheit, zur rechten Zeit am richtigen Platz zu sein. Dies hat meist eine Vorgeschichte.
Wenn ein Kind auf die Welt kommt, ist seine Erde, die Mitte, zunächst noch schwach wie eine zarte Pflanze. Es muss erst lernen, sich die Dinge der Welt zu Eigen zu machen. Wenn die leibliche Mutter des Kindes (oder besser noch eine mütterliche Gemeinschaft) selbst in sich ruht und sich Zeit nimmt für sich und das Kind, wird es üppig beschenkt. Nahrung und Zärtlichkeit lassen das Kind rund und satt werden und in sich ruhen in der Gewissheit: Es ist genug da, ich werde wertgeschätzt, geliebt und bekomme immer das, was ich brauche. Die erwachsene Frau weiß dann, die Üppigkeit und Fülle, Liebe und

---

* vgl. Einleitung, Fünf Wandlungsphasen

Wärme dieser Welt stehen ihr zu. Diese Sicherheit hilft ihr, alles zu tun, damit sie satt wird im Leben. Sie muss nicht bitten, sie muss nicht fordern oder gar nörgeln, sie bekommt und nimmt sich alles mit größter Selbstverständlichkeit. Diese Einstellung teilt sich automatisch ihrer Umgebung mit: Sie wird mit Wertschätzung behandelt.

Wird das Kind nicht »satt«, nicht genügend unterstützt und bestätigt, verliert es schnell den Mut und begreift: All dies ist nicht für mich. Schüchtern wartet es auf die Brocken, die wohlmeinende Menschen dem braven Mädchen zukommen lassen.

Doch wenn sie älter wird, ist es damit vorbei. Niemand gibt ihr etwas, auch wenn sie noch so brav ist. Sie muss es sich nun selbst nehmen. Je nach der Umgebung, in der sie sich bewegt, muss sie dazu mehr oder weniger rabiat auftreten.

Die traditionelle Erziehung sieht vor, dass Mädchen sich selbst zurücknehmen und zeitig begreifen, dass ihnen, außer den bewussten Brocken als Belohnung besonderer Bravheit, nichts zukommt. Später gönnen diese Frauen sich selbst und anderen Frauen nichts. Männer unterstützen und fördern sie selbstlos, mit Frauen aber, seien es Kolleginnen oder Freundinnen, treten sie sofort in Konkurrenz. Hinter der Konkurrenz unter Frauen steckt immer eine schwache Erde. Starke Frauen haben das nicht nötig. Sie unterstützen und fördern sich gegenseitig.

Früher sparten sich solche Frauen die besten Bissen vom Munde ab, für den Mann, der die Arbeit tat, für die Kinder, die noch wuchsen. Sie selbst, die Mütter, die alle versorgten und nährten, zählten nicht. Sie bekamen die Reste. Bis heute gönnen viele Frauen sich selbst kaum anständige

Mahlzeiten. Sie begnügen sich mit einem Butterbrot, Jogurt oder Süßigkeiten. Das macht keine Arbeit. Mehr ist für mich nicht nötig, dafür (für mich) sind mir Geld und Zeit zu schade.

Im Beruf verhalten sie sich ganz ähnlich. Sie sind die rechte Hand des Chefs, ohne sie geht nichts. Sie schmeißen den Laden, sammeln und verteilen die Informationen, aus denen andere Nutzen ziehen. Ob sie nun Chefsekretärin heißen oder Managing-Assistant, sie leisten viel und erhalten zu wenig.

In ihrer Funktion unterscheiden sie sich kaum von den traditionellen Müttern – sie organisieren und pflegen, schnipseln und brutzeln und überlassen das große Stück Fleisch den anderen. Kurz: Sie spielen die Erde für andere. Sie selbst begnügen sich mit Resten, mit unsubstantiellen Lobpreisungen und albernen Pralinenmischungen zum Muttertag.

Frauen und Mädchen, die eine moderne Erziehung erfahren, lernen: Mädchen sind genauso viel wert wie Jungen – aber nur, wenn sie es ständig beweisen. Sie dürfen im Prinzip alles haben, aber nur, wenn sie mit Zähnen und Klauen dafür kämpfen. Sie müssen klüger, schlauer, mutiger und stärker sein als die Jungen. Und darüber hinaus auch noch schöner und dünner. Sie lernen, notfalls über Leichen, inklusive der eigenen, zu gehen, bevor sie irgendeinen Anspruch auf Liebe, Anerkennung und Respekt äußern. Sie verlangen sich stets das Äußerste ab.

Sie sind vielleicht besser, klüger, gebildeter und leisten mehr als ihre männlichen Kollegen – aber sie erreichen doch weniger. Weil sie nicht gelernt haben, sich ganz selbstverständlich das zu nehmen, was sie brauchen, leben sie nach dem Motto: Die erfolgreiche Frau ist dünn. Sie arbeiten mehr und essen weniger. Ihre spärliche Freizeit verbringen sie auf den Streckbänken der Neuzeit – im Fitnessstudio. Ihr Rennen gleicht dem Rennen des Hasen gegen den Igel. Sie können auf Dauer nicht gewinnen.

Auch eine ausgeglichene, starke und selbstbewusste Frau kann an einem Punkt ihres Lebens dahin gelangen, dass ihre Erde vorübergehend geschwächt ist. Wie bei der Kaiserin Wu geschieht dies oft nach Geburten und nach längeren Zeiten starker Anspannung oder Anstrengung. Wie sie der Erschöpfung begegnet, mit vermehrter Konzentration und Selbstdisziplin oder ängstlichem Rückzug, kann ihr viel über sich selbst sagen. Wie die Kaiserin sollte sie jedoch nicht verzagen, sondern alles daransetzen, die eigene Mitte zu nähren und zu stärken, um baldmöglichst ihren Platz wieder einzunehmen. Eines ist sicher: Auf Hilfe von außen sollte sie besser nicht warten.

Das Bild

Bei den beschriebenen Frauen ist die Erde schwach. Sie sind nicht ausreichend »satt« geworden, können sich zur Zeit oder grundsätzlich nicht selbst nähren und bemuttern und sich nicht nehmen, was sie brauchen. Dies gilt für die angespannten Kämpferinnen genauso wie für ihre selbstlosen Schwestern. Im Falle der Kämpferinnen wird die schwache Erde allerdings zusätzlich von einem aggressiven Holz angegriffen. Statt Demut, Aufopferung und Hingabe, alles Zeichen schwacher Erde, zu zeigen, sind ihre Energien durch Anspannung und Aggression, Zeichen des Holzes, charakterisiert. Auch wenn die Betroffenen dies nicht wahrhaben wollen: Verbissenheit und Selbstzerstörung sind kein Zeichen von Souveränität und innerer Stärke.

Bleibt die Erde längere Zeit schwach, kommt es zu Mangel an Qi und Blut*, und es entsteht Verschlackung – Feuchtigkeit genannt – mit folgenden Erscheinungen:

Die Erde bringt kein Qi mehr hervor

Die Energie lässt nach und damit die Immunabwehr. Krank machende Faktoren können angreifen, wie es nach Sicht der chinesischen Medizin heißt. Ein grobes Wort, ein kleiner Misserfolg erschüttert die Betroffenen bis ins Mark. Ein kleiner Virus führt zu großen Erkältungen. Das morgendliche Aufstehen wird zur Qual. Die Gliedmaßen schmerzen wie bei Muskelkater. Jede Tätigkeit erscheint zu viel. Projekte türmen sich auf dem Schreibtisch und werden nur unter äußerster Willensanstrengung in Angriff genommen.

Da selbst für die kleinste Anstrengung so viel Willenskraft nötig ist, kommt es auch zu einer Schwächung des Rückens, der Lenden genauer genommen, dem Sitz des Willens. Der Rücken schmerzt und droht schier zu zerbrechen, Nacken und Schultern verkrampfen sich. Nach und nach werden die Muskeln schwach. Es kommt zum Burnout und unter ungünstigen Umständen zum CFS,

---

* vgl. Glossar

dem *chronic fatigue syndrome* – der krankhaften chronischen Müdigkeit.

Die Erde bringt kein Blut mehr hervor

Wie die Zweige eines Baumes im Herbst ohne ihre Säfte spröde und brüchig werden, wird auch der Körper hart und trocken. Die Muskeln verspannen sich und schmerzen. Das Gesicht wird blass, der Teint glanzlos. Die Nägel werden brüchig, die Haare werden dünn und gehen aus. Die Menstruation wird schwächer. Wenn sie dünnflüssig ist und lange dauert, besteht neben der Blutleere auch Feuchtigkeit. Nächtlicher Heißhunger auf Süßes ist ein besonderer Hinweis auf eine solche Blutleere.

Die Erde wandelt nicht mehr um

Kalte und süße Nahrung macht den Körper kalt und feucht. Die Nahrung wird nicht in Energie umgewandelt – die Frauen nehmen zu. Das Bindegewebe wird schwach und teigig, die Beine dick und schwer. Da Feuchtigkeit nach unten sinkt, kommt es zu kalten Füßen und manchmal zu Kältegefühl des gesamten Unterleibs. Es kann dünnflüssiger, geruchloser oder fischig riechender Ausfluss auftreten.
Psychisch äußert sich Feuchtigkeit in Jammern, Klagen und falscher Anhänglichkeit. (Vergleiche Kapitel 3.)

All diese Symptome hängen mit einer schwachen Erde, einer schwachen Mitte, zusammen. Das beherrschende Grundgefühl ist eines von allgemeiner Schlappheit, ein Gefühl der »Verkaterung« und Schwere und der Eindruck, aufgeschwemmt zu sein.

Je weniger eine Frau sich selbst leiden mag, umso energischer kämpft sie gegen all diese »Schwäche und Schlaffheit«. Sie quält sich mit Diäten und Fitnessprogrammen. Sie trinkt literweise kaltes Wasser zum »Ausschwemmen«. All diese Maßnahmen schwächen die Erde noch mehr. In China hält man von solchen Abmagerungskuren gar nichts. Letzten Endes bewirken sie nur einen »Jo-Jo-Effekt«, eine rasche Gewichtszunahme nach Beendigung der Diät, die neuerliche Diäten nötig macht.

Holz greift Erde an: Essstörungen

In extremen, aber nicht seltenen Fällen kommt es zu mehr oder weniger stark ausgeprägten Essstörungen. Frauen mit Essstörungen haben die Fähigkeit, sich selbst zu nähren und zu bemuttern, fast ganz verlernt. Dies kann dazu führen, dass sie fast nichts mehr essen oder nach drastischen Mitteln greifen, um sich zu entleeren. Manche Frauen bekämpfen den chronischen Energiemangel durch anfallsartiges Hineinschlingen von Nahrung, meist Süßigkeiten. Süßes stärkt kurzfristig die Mitte und besänftigt zudem das aufbegehrende Holz. Das Vollgestopftsein bei ohnehin schwacher Mitte kann aber Überdruss und Selbsthass auslösen. Viele holzbetonte Frauen, die Kämpferinnen, entscheiden sich dann für das Erbrechen.

Oft wird aus einem jungen und liebeshungrigen Mädchen im Laufe der pubertären Holzmobilisierung eine Kämpferin. Sie entdeckt die Selbstkontrolle durch Hunger und »erfindet« für sich im Laufe der Zeit eine Form von abwechselndem Essen, Erbrechen, Abführen und Entwässern. Jede Zeit eines Umbruchs oder einer starken Belastung kann eine derartige Entwicklung auslösen.

All diesen Frauen ist gemeinsam, dass sie sich selbst nicht bemuttern, dass sie erschöpft und ausgebrannt sind, auch wenn sie nach außen hin vielleicht noch lange Zeit große Leistungen erbringen und sich selbstlos um alles kümmern, außer um sich selbst.

Am Ende dieses Weges steht die Verbitterung, Zeichen des kraftlosen inneren Aufbegehrens. Die Verbitterung zeigt sich oft an abgehärmten Längsfalten um den Mund, an trockener, stumpfer, gelblichgrauer Haut und daran, wie eine solche Frau andere Frauen, die selbstbewusst auftreten, missbilligt. So möchte sie nicht sein, so oberflächlich, genusssüchtig, profilierungssüchtig und ehrgeizig.

Das tut die Kaiserin

Auch eine Kaiserin kann einmal ausgepowert sein, aber sie übernimmt die Sorge für sich selbst und gibt sich, was sie braucht. Die oberste Regel bei Erschöpfung heißt Ausruhen. Die Kaiserin gibt sich ausgiebig der Muße und Faulheit hin. So lange, wie sie es für nötig hält. Sie weiß: Reden und jammern schädigt das Qi – daher schweigt sie. Sie beantwortet keine sinnlosen Fragen und engagiert sich nicht in unnötigem Gerede. Sie weiß, sie ist eine Kaiserin

und bleibt eine Kaiserin, unabhängig davon, in welchen Schwierigkeiten sie im Moment steckt, und gleichgültig, wie klein ihr Reich gerade ist.
Die Kaiserin macht sich keine Illusionen. Sie weiß: Dienen wird sie nicht weiterbringen. Ihren Wert kann nur sie selbst erkennen und ins richtige Licht stellen. Wenn sie sich wertschätzt, liebt und nährt, werden andere ihrem Beispiel folgen. Das ist der Fluss der Energie. Wer hat, dem wird gegeben. Für die Erde gilt: Fülle bringt Fülle.

Kaiserliches Auftreten wird ohne große innere Stärke nicht gelingen. Um diese Stärke zu erlangen, muss die Kaiserin ihre Mitte stärken, die nährende Erde, die mütterliche Seele in sich selbst. Die Erde ist es, die nährt und kräftigt, so wie eine gute Mutter ihr Kind. Manche Frau hatte nicht die Mutter, die sie gebraucht hätte, und fühlt sich selbst im gestandenen Alter noch »mickerig« und wertlos. Gerade solche Frauen müssen besonders darauf achten, sich selbst eine gute Mutter Erde zu sein.
Die Kaiserin stärkt ihre Erde durch den Kontakt mit weiblichen Verbündeten und Freundinnen. Frauen verkörpern die Erde stärker als Männer, die das Nähren, Bemuttern meist der (Ehe-)Frau, Freundin oder Kollegin überlassen. Frauen können durch ihren Kontakt die Erde gegenseitig in sich stärken. Üppige Gelage, dass sich die Tische biegen, sind nur eine sehr genussvolle Möglichkeit, sich gegenseitig zu nähren. Im Idealfall hören Freundinnen einander zu, geben sich Raum für Sorgen und Nöte; wie ehemals die gute Mutter nähren sie sich mit Aufmerksamkeit und Wärme. Dennoch gilt: Die Kaiserin jammert nicht.

Aber die Kaiserin hütet sich vor falschen Geschenken. Oft werden Nähe und Wärme nur unter der Bedingung geschenkt, dass die Kaiserin sich nicht weiterentwickelt. Je höhere Ansprüche die Kaiserin an sich selbst stellt, umso schwieriger wird es für sie sein, echte Freundinnen zu finden. Gerade Kaiserinnen werden immer wieder mit Neid und Missgunst konfrontiert. Darum muss die Kaiserin jederzeit in der Lage sein, sich auch selbst zu bemuttern.

Die Kaiserin nährt sich selbst

Die Kaiserin nährt sich durch die richtige Nahrung. Nahrung ist nicht auf Lebensmittel beschränkt, Nahrung ist alles, was Körper, Geist und Seele nährt. Nahrung umfasst Speisen und Getränke, aber auch Bücher, Filme, Musik und die Gedanken und Ansichten anderer Menschen. Eine Kaiserin entscheidet sorgfältig, wovon sie sich nährt. Sie gönnt sich edle und gesunde Speisen und Sinneseindrücke und ausgewählte Informationen, die den Geist stärken und stimulieren.

Wenn sie sich am Boden zerstört fühlt, achtet sie besonders darauf, sich gut zu nähren. Gerade in erschöpftem und ausgelaugtem Zustand setzt sie sich nicht vor den Fernseher. Wer ständig dumpfe Filme und Talkshows ansieht, muss sich nicht wundern, wenn die eigenen Gedanken und Gefühle an Brillanz verlieren und die eigene Kraft und Energie ungesammelt zerfließen. Denn die Energie folgt den Gedanken!

Ein chinesischer Dichter hat gesagt: »Wenn ich drei Tage

kein edles Buch lese, verliere ich die Kraft der Sprache.«
Ausgaben für die Ernährung von Körper und Geist sind
kaiserliche Investitionen! Dies gilt genauso für die Pflege
des Äußeren, für Kleidung und Wohnung der Kaiserin.
Die Devise lautet: wenig, aber edel. Eine Kaiserin hat nicht
zu viel im Kühlschrank und nicht zu viel im Kleiderschrank. Edel heißt nicht immer teuer und modisch, edel
heißt Qualität und gute Materialien. Die Kaiserin gewinnt
dadurch an Wirkung und Kraft (wie beim Kontakt mit
edlen Menschen, siehe unten). Viele Frauen, die stets darüber jammern, sich das alles nicht leisten zu können, ersticken geradezu in billigen »Schnäppchen«, allerlei
Heimkitsch und schlecht sitzenden Schlussverkaufsklamotten. Ein edles Stück hält lange und gewinnt mit der
Zeit an Patina und Charakter.

Ehe eine Kaiserin neue und edle Gegenstände anschafft,
muss sie die alten beseitigen. Denn zu viele Gegenstände
belasten den Geist und behindern bei der notwendigen
Expansion des Reiches. Ein chinesisches Sprichwort lautet: »Wenn das Alte nicht geht, kann das Neue nicht kommen.« (Vergleiche Kapitel 8.)

Die Kaiserin regiert

Sie bewohnt vielleicht die kleinste Wohnung, aber sie regiert dort. Niemals bezieht sie das Reich einer eventuellen
Vorgängerin. So ließ die Kaiserin Wu als Erstes nach ihrer
Hochzeit eine neue Residenz errichten. Ihre Feinde behaupteten, der Geist der verstoßenen Kaiserin habe sie
verjagt, und in gewisser Weise stimmte das auch. Wu

schuf eine neue Residenz für sich selbst und gestaltete sie nach ihren Vorstellungen.

Eine Kaiserin bestimmt, wer ihr Reich betreten darf. Ihre edlen Gäste behandelt sie großzügig und kaiserlich. Doch die Gesetze macht sie. Wer sich nicht fügt und ihre persönliche Ordnung stört, kann gehen. Vielleicht wird sie eigensinnig genannt werden, doch dies bekümmert sie wenig. Nur sie selbst weiß, was sie will und braucht. Farben, Formen, Materialien und Orte müssen ihr entsprechen und niemandem sonst.

Eine Kaiserin weiß, sie ist eine Kaiserin und handelt wie eine Kaiserin. Sie weiß, zuerst muss sie sich selbst wie eine Kaiserin behandeln und wertschätzen, dann werden andere ihrem Beispiel folgen.

Auch wenn sie allein ist, pflegt sie sich und nährt sich mit aufbauenden und stärkenden Nahrungsmitteln. Sie wählt nur, was ihr gefällt, unabhängig von den Regeln und Vorlieben anderer. Diätvorschriften und Beschränkungen, die ihr »geringe« Menschen auferlegen wollen, gelten ihr nichts. Jeder Bissen, den sie isst, wird Teil ihrer selbst, jede Zuwendung, die sie sich selbst schenkt, füllt ihren Vorrat an Liebe. So erschafft sie sich selbst stets neu. All dies tut sie gemächlich und in Ruhe. Von einem sicheren Standpunkt aus plant sie ihre Feldzüge nach ihren eigenen Kräften. Eile und Verbissenheit sind unkaiserlich. Liebe und Rhythmus erwachsen aus ihr selbst.

Sie stärkt ihren Geist und ihre Phantasie durch Kunst, Musik und eine fundierte Ausbildung, (geistiges) Fast Food vermeidet sie genauso wie alles, was anderen gefällt, ihr selbst aber nicht. Sie wählt und genießt mit Bedacht.

Den Vergleich mit anderen verweigert sie grundsätzlich.

Sie weiß: Andere mögen ihre eigenen Vorzüge haben. Was sie kann, kann nur sie.

Die Kaiserin hütet sich vor unedlen Menschen

Wenn eine Kaiserin geschwächt und ausgebrannt ist, tut sie besonders gut daran, sich vor unedlen Menschen zu schützen und sich von ihnen abzugrenzen. Diese sind in der Lage, sie bis aufs Mark auszusaugen. Leider sind unedle Menschen bei weitem in der Überzahl. Umso glücklicher ist die Kaiserin, wenn sie einen der wenigen edlen Menschen findet, die ihr Hilfe und Unterstützung gewähren.
Auf keinen Fall verfällt die Kaiserin der pathetischen Illusion, sie könne, zum Beispiel durch ihr eigenes edles Vorbild, durch besonders liebevolle Behandlung oder gar durch Selbstaufopferung, einen unedlen Menschen verbessern. Dies führt unweigerlich zu herben Enttäuschungen, denen sie in Zeiten einer schwachen Mitte besonders schutzlos ausgesetzt ist. Langfristig würde sie das verbittern.
Im Umgang mit Unedlen sind Illusionen völlig unangebracht. Ein harter Schnitt ist nötig, bevor die Kaiserin gänzlich ausgesaugt wird. (Vergleiche dazu Kapitel 8.)

Exkurs: edle und unedle Menschen

Die Chinesen unterscheiden zwischen edlen und unedlen Menschen. Ein chinesischer Gelehrter hat einmal gesagt:

»Edle Menschen schließen ihre Freundschaften wegen des gemeinsamen Dao. Unedle knüpfen Beziehungen aus Profitgründen.«

Edle erkennen einander und spüren, wenn sie eine Kaiserin vor sich haben. Mit Edlen kann die Kaiserin zwanglos und offen sprechen und ihr Herz offenbaren. Edle werden nicht größer dadurch, dass andere klein sind, sie machen sich gegenseitig groß. Edle Menschen sind nicht raffgierig oder sehen ihren eigenen kleinlichen Vorteil. Sie haben stets das Ganze im Blick.

Unedle Menschen erkennt man daran, dass sie geschwätzig daherreden, sich das größte Stück Torte nehmen und in allen Angelegenheiten nur auf ihren eigenen Vorteil und Profit bedacht sind. Unedle ziehen sich gegenseitig in den Morast und zertreten sich, wenn sie am Boden liegen und Schwäche zeigen. Unedle brauchen zum Schutz vor sich selbst Grenzen, Konventionen, Verträge und Gesetze. Die Unedlen sind bei weitem in der Mehrzahl.

So kommt es, dass die Kaiserin jeden Tag mit Unedlen konfrontiert ist. Sie braucht sich darüber keinen Illusionen hinzugeben. Vor allen Dingen sollte sie nicht erwarten, dass die Unedlen sich ändern oder sich ein Beispiel an ihr nehmen, wenn sie selbst sich edel verhält. Dazu fehlt ihnen der Blick. In China heißt es: »Unedle Menschen haben zu wenig Öffnungen in ihrem Herzen.«

Wenn eine Kaiserin gezwungenermaßen mit unedlen Menschen zu tun hat, tut sie gut daran, den Rahmen genau abzustecken und für klare Vorschriften und Grenzen zu sorgen. Andernfalls wird sie erbarmungslos aus-

geraubt, und sie verliert Energie, Achtung, Geld, Hoffnung, Optimismus und klaren Blick.
Der Philosoph Lao Zi hat gesagt:

Der edle Mensch folgt seinem innersten Gesetz
und keinem äußeren Gebot;
er hält sich an den Quell
und nicht an die Abwässer;
er meidet diese
und sucht immer das Ursprüngliche.

Die Kaiserin tritt kaiserlich auf

Eine Kaiserin, die Körper und Geist versorgt und genährt hat, kann ohne Bedenken ihr Reich verlassen und neues Territorium erobern. Sie fürchtet keine Prüfungen und keine Kommission und hat keine Angst vor Autoritäten.
Wenn die Kaiserin in fremde Reiche vordringt, geht sie geschützt durch prächtige Kleidung und kaiserliche Haltung. Sie macht sich keine Illusionen über die Moral der Unedlen, die Menschen in einfacher Kleidung missachten. Sie weiß, Kleidung zeigt, wie ein Mensch behandelt werden möchte. In ihrem Fall: als die Kaiserin, die sie ist.
Sie bittet nicht, sie fordert nicht, für sie ist selbstverständlich, dass sie gut behandelt wird. Wenn sie das durch ihr Auftreten zeigt, wird sie von anderen auch (fast immer) angemessen behandelt werden. Dies gilt auch im Kleinen.
Der schlechteste Platz, zum Beispiel im Restaurant neben den Toiletten, ist für sie inakzeptabel. Sie übernimmt niemals und unter keinen Umständen Hilfstätigkeiten aus

reiner Gefälligkeit, zu denen sie keine Lust verspürt. Sie passt nicht auf fremde Kinder auf, erledigt keinen fremden Abwasch, tippt und verbessert keine fremden Texte und kocht keinen Kaffee. Sie erledigt niemals und unter keinen Umständen Arbeiten für andere, die weniger begabte oder qualifizierte Menschen auch erledigen könnten. Dies mag hart klingen, ist aber von essentieller Bedeutung.

Sie macht deutlich und sachlich auf den Wert ihrer Arbeit aufmerksam und fordert gelassen und souverän den gerechten Lohn, ohne dabei in einen zänkischen oder klagenden Tonfall zu verfallen.

Macht reproduziert sich, daher muss der erste Schritt, so klein er sein mag, sicher und gelassen sein, alle weiteren Schritte folgen dann von selbst.

Die Kaiserin weiß um das chinesische Sprichwort: »Ein edler Mensch gibt sein Leben dafür, einen anderen Edlen kennen zu dürfen.« Im Umgang mit den raren wahren Freunden ist die Kaiserin großzügig und mütterlich, genau wie mit sich selbst.

Die Kaiserin hält sich nicht an alberne Sachzwänge und Konventionen. Sie weiß, diese gelten nur für geringe Menschen. Sie handelt stets nach ihrer eigenen Moral, die ihren hohen Standards entspricht.

So stärkt sich die erschöpfte Kaiserin

Neue Kraft für stark geschwächte Kaiserinnen gibt das *Elixier, das die Jugend zurückholt*. Es nährt die Erde und stärkt den Rücken, das heißt den Willen und die Nieren. Dieses magische und energetisierende Rezept geht auf einen der großen Meister des Daoismus, Ge Hong, zurück. Ge Hong, genannt der Meister, der die Einfachheit umarmt, lebte zwischen dem 3. und 4. Jahrhundert unserer Zeitrechnung und vertrat die These, dass alle Menschen in der Lage sind, daoistische Weisheit zu erlangen.

Kaiserinnenelixier: *Elixier, das die Jugend zurückholt*

Rhizoma Batatatis	45 g
Radix Achyranthidis	45 g
Fructus Corni	30 g
Poria Cocos	30 g
Fructus Schisandrae	30 g
Rhizoma Cistanchis	30 g
Rhizoma Acori graminei	30 g
Radix Morindae	30 g
Radix Polygalae	30 g
Cortex Eucommiae	30 g
Fructus Lycii	15 g
Radix Rehmanniae praeparatae	15 g
Radix Rehmanniae viridis	15 g

Die angegebene Menge reicht für eine Woche. Es wird empfohlen, den Tee über zwei Wochen einzunehmen. Leider teuer! Den Tee nach dem Essen trinken. (Zur Zubereitung siehe Seite 249 ff.)

Die Kaiserin weiß um die Kunst, die Erde mit der richtigen Ernährung zu stärken: heiße Speisen im Backofen, eventuell im Tontopf zubereitet, warmes Essen, viel Getreide, Nudeln und Reis, wenig Milchprodukte, keine Süßigkeiten und kein Bier.

Das Wichtigste aber ist, dass die Kaiserin in Ruhe und genussvoll isst. Und zwar das, was sie essen möchte. Eine Kaiserin hält sich nicht an Diäten und Vorschriften. Sie hört auf ihre innere Stimme. Beim Essen redet sie über das Essen, auf keinen Fall über Probleme oder Dinge, die erledigt werden müssen.

Die Kaiserin schätzt sich und ihren Körper und alle ihre Organe. Sie gibt sich dem Genuss hin. Und stärkt so ihre Mitte.

KAISERINNENSÄTZE

- Die Kaiserin bemuttert sich selbst.
- Die Kaiserin baut sich einen prächtigen Palast.
- Die Kaiserin folgt ihrem innersten Gesetz.
- Die Kaiserin nimmt sich, was sie braucht.
- Die Kaiserin genießt ihre Faulheit.
- Die Kaiserin jammert nicht.

8

Abschied und Befreiung
Herbst – Metall

Im Jahre 670 stirbt die Mutter Wu Zhaos. Zweiundneunzig Jahre ihr ehrwürdiges Alter. Die Kaiserin trauert. Groß ist ihr Schmerz, und groß sind die Trauerfeiern, die sie veranstalten lässt. Angemessen dem Tod eines Vaters, zu groß für den Tod einer Frau. Doch keiner spricht es aus. Furchtbar ist die Kaiserin in ihrem Schmerz. Sie weint und klagt Tag und Nacht und findet kein Ende. Vorbei alle Pläne, vorbei alle Lust, ihr Lachen ist verstummt.

Ein Trauergast spricht vor. Weit ist er gereist, der Arzt Sun Simiao. Die Geschenkliste wird verlesen: ein armseliger Kürbis voller Kräuter. Herablassend lächelt der Hofstaat. Der Edle verkehrt nicht mit Ärzten, heißt es. Doch die Kaiserin selbst gebietet, den großen Mann vorzulassen, und erweist ihm alle Ehre.

Am Seelensitz weilt Wu Zhao, Tag und Nacht. Dort stehen die Tafeln der Ahnen, verschleiert ist das Bild der Mutter. Am Seelensitz herrschen Rituale, überliefert und alt. Sun Simiao wirft sich zu Boden, verbrennt heilbringenden Duft, gießt Teeopfer aus. Der Gast weint mit Wu Zhao. Zweimal verbeugt sich der Gast. Wu Zhao weint und verbeugt sich zweimal nach Westen. Der Gast weint und verbeugt sich zweimal nach Osten. Er spricht rituelle Worte: »Welch unvorhersehbare Tragödie. Sie ist zusammengebrochen und hat uns verlassen. Kummer und Sehnsucht sind unerträglich.«

Die Kaiserin antwortet: »Tief sind meine Sünden und

schwer. Entsetzliche Folgen trafen meine Mutter. Demütig empfange ich Eure Gaben und Euer Mitgefühl. Der Kummer überwältigt mich.«

Zweimal verbeugt sich der Gast. Wu Zhao weint und verbeugt sich zweimal nach Westen. Der Gast weint und verbeugt sich zweimal nach Osten. Dann weinen beide lange gemeinsam.

Am Ende spricht Sun Simiao die rituellen Worte: »Ob ein Leben lange dauert oder kurz, ist vorherbestimmt. Wie den Schmerz bewältigen? Bezähmt Eure pietätvollen Gedanken. Haltet Euch an die Riten.« Mit gesenkter Stimme, nur für die Kaiserin, fügt er hinzu: »Größer seid Ihr als geringe Menschen und größer ist Euer Leid. Doch auch für Euch gibt es ein Maß. In zwei Jahren, anlässlich des Opfers für Seelenfrieden, bereitet die Medizin.«

Mit einer letzten Verbeugung verlässt er die Trauergesellschaft.

Zwei Jahre später. Buddhistische Tempel sind gestiftet, Pagoden gebaut. Tausende von heiligen Schriften kopiert. Die Tochter Taiping, über alles geliebt und erst drei Jahre alt, zur Nonne bestimmt. Alles zu Ehren der Ahnin. Noch immer trägt Wu Zhao das Trauerkleid, ungesäumter Hanf, grober Stoff. Überwacht die Rituale für die Seele der Mutter. Sie bleibt den Staatsgeschäften fern, schläft fern vom Gatten. Der zürnt. Die Trauerzeit ist überschritten, nur ein Jahr ist erlaubt. Doch Wu Zhao bleibt hart.

»Wer ist mir näher als die Mutter?«, spricht sie. »Vorbei sei mein Leben als Kaiserin. Zu groß ist der Schmerz. Verpönt sei mir das Wolken- und Regenspiel.«

Weiße Haut, trockene Haare. Kein Lachen findet den Weg in ihr Gesicht. Opfer und Gebete füllen ihre Tage.

»So geht das nicht, das geht zu weit«, spricht die Amme Lao Ma. »Gibt es kein Paradies, verschwendet Ihr Eure Zeit. Gibt es ein Paradies, werden edle Menschen ohnehin darin aufgenommen. Gibt es die Hölle nicht, verschwendet Ihr Eure Zeit. Gibt es die Hölle, ist sie für unedle Menschen. Bei Eurem Beten und Opfern sollte man meinen, die ehrwürdige Verstorbene sei eine Unedle gewesen. Ihr solltet Euch schämen. Und nun dürft Ihr mich in kochendes Öl werfen. Doch vorher trinkt den Tee des alten Sun, den ich Euch bereitet habe.«

Groß ist der Zorn der Kaiserin. Doch das Holz des Zornes bringt Feuer hervor. Lachen besiegt den Schmerz. Sie trinkt den Tee Meißel, *der Erstarrtes löst und gesundet zur Stunde.*

Trauer – Abschied und Befreiung

So wie der Tod zum Leben gehört, so ist die ausreichende Trauer Voraussetzung für jeden Neubeginn. Trauer ist nötig, um sich zu verabschieden, um zu realisieren, ein geliebter Mensch lebt nicht mehr, dieses Kind wird nie geboren werden, dieser Mann wird mich nie mehr küssen, dieses Projekt wird nie verwirklicht. Der Schnitt ist nötig, um Platz zu schaffen für Neues. Doch es ist in unserer Gesellschaft nicht modern, ausgiebig zu trauern. Stattdessen wird erwartet, dass man nach kurzer Zeit wieder fit und leistungsfähig ist und sich nicht »hängen lässt«. Wer gar das Ende einer Freundschaft betrauert oder eine Fehlgeburt, erscheint vielen Menschen als absonderlich oder psychisch instabil. Dabei ist die Trauerzeit nötig, um die Gefühle zu Grabe zu tragen und mit ihnen abzuschließen.

Zur tiefen Trauer kann das Gefühl gehören, in einem gläsernen Palast zu sitzen. Alles erscheint eiskalt und dabei kristallklar. Man kann sich nicht bewegen, während ringsum das Leben tobt. Im Innern dieses Palastes gibt es keine Wärme und keine Herzlichkeit, sondern nur das Gefühl von Traurigkeit und Hoffnungslosigkeit.

Das Gefühl der Trauer tritt nicht immer nur nach dem Tod eines geliebten Menschen auf. Es kann auch eine Hoffnung sein, die zerstört wurde, auf einen Job, eine Beziehung, eine Wohnung, einen Preis, die Verwirklichung eines Traums. Manches Ende erscheint sinnlos und grausam. Häufig aber besitzt es einen Sinn.

Eine angemessene Zeit der Trauer ist der richtige Weg, um sich von erfolglosen Ideen und Hoffnungen zu verabschieden und zu entscheiden, was Wert hat, bewahrt zu werden. Wer sich der Trauer verschließt, isoliert sich von einem Teil der tiefsten menschlichen Gefühle und wird hart und leblos.

Was passiert energetisch

Die Trauer, die Traurigkeit und manche Formen der sogenannten Depression sind Ausdruck der Wandlungsphase Metall*. Das Metall hat die Aufgabe, Altes und Überholtes zu zerstören und Platz für neues Wachstum zu machen.

Ist dieses Element stark ausgeprägt, so zerstört es jede Kampfeslust, jedes Gefühl und alle Lebendigkeit. Tabula rasa. So wie im Herbst alle Blätter von den Bäumen fallen

---

* vgl. Einleitung, Fünf Wandlungsphasen

und nur die kahlen Äste bleiben, so macht es deutlich, hier ist etwas vorbei.

Metall erzeugt den Impuls, nach dem Verlust eines nahen Angehörigen oder auch dem Ende einer Liebesbeziehung alles aufzugeben, den Arbeitsplatz zu räumen, die Wohnung zu verlassen oder aus dem Leben zu gehen, in Gedanken oder real. Meist ist dieses Tal irgendwann durchschritten und es geht wieder aufwärts. Doch kann man stecken bleiben in der Trauer, in der Enttäuschung und im Zwang, alle Hoffnungen und Gefühlswallungen in sich und anderen abzutöten.

Metall schafft Regeln und Vorschriften. So entstehen Struktur und notwendige Ordnung. Es befreit von Morast und übergroßer Anhänglichkeit und hilft uns, alten Plunder und überflüssiges Gestrüpp loszuwerden. Mit genauer Unterscheidungskraft und unbestechlicher Präzision trennt es zwischen den Dingen, die in den neuen Frühling hinübergerettet werden sollen, und denen, die zum Untergang bestimmt sind. Auf diese Weise schützt es davor, sich mit Überflüssigem zu belasten, und hilft, bei kreativen Projekten Kraft, Ressourcen und Zeit einzuteilen. Metall legt Archive und Listen an und ordnet sie nach einem sinnvollen System. Metall schafft Arbeits- und Zeitpläne und verliert auch in schwierigen Phasen nicht die Übersicht. Metall geht komplizierten Fragen auf den Grund und lässt sich nicht durch eine schöne Oberfläche täuschen. Metall ist zuzeiten zynisch und unerbittlich. Metall ist gerecht, aber ohne Erbarmen für menschliche Schwäche. Metall berechnet Kosten und Nutzen und rationalisiert vielleicht Liebgewonnenes, aber Ineffizientes und Überflüssiges ohne Skrupel weg – kaputte Teddybären und vergilbte Liebesbriefe genauso wie überzählige Arbeitskräfte und morastige Flusswindungen.

Ohne Metall entstehen unzählige Ideen, und die Begeisterung schweift unaufhaltsam von einem Objekt zum anderen. Verwirklicht wird jedoch wenig, da Stringenz und Systematik fehlen.

Damit das Metall nicht überhand nimmt, wird es vom Feuer, der Liebe, kontrolliert. So schneidet eine Gärtnerin im Herbst die wilden Triebe aus. Obwohl sie dabei unerbittlich vorgehen muss, hält ihre Liebe sie davon ab, die ganze Pflanze zu zerstören. Melancholie begleitet dieses Tun.

Brennt die Liebe aus, verlischt das Feuer, so entgleist das Metall und wird zerstörerisch. Jeder Impuls, jede lebendige Regung wird im Keim erstickt.

Menschen, bei denen dies der Fall ist, verabscheuen Gefühlsregungen, die keiner Kontrolle unterworfen sind. Gereizt reagieren sie, die selbst oft im Herbst des Lebens stehen, auf Kinder und jüngere Menschen, die in ihrer natürlichen Lebenslust künstliche Grenzen und Vorschriften nicht akzeptieren.

Weitere Todfeinde des gestörten Metalls sind lautes Lachen, Lärmen, Musizieren (Verkehrslärm, Maschinengeräusche oder der eigene Staubsauger stören dagegen kaum), Unordnung, Übertretung von Vorschriften und Regeln (wer wann den Hausflur putzt) und natürlich Erotik und lebendiger Sex.

Die Kälte und Starre des übermächtigen Metalls verhindern, dass diese Menschen die Trauer und Depression empfinden können, die tief in ihrem Inneren haust wie ein

Seeungeheuer. Statt die Trauer wahrzunehmen und ihr den angemessenen Raum zu geben, bis sie von selbst zu Ende geht, werden Durchhalteparolen bemüht: Man hat es halt nicht leicht, aber man tut eben seine Pflicht, wo andere es sich zu einfach machen! Die zeitgemäßere Variante verweist nicht mehr auf die altmodische Pflicht, sondern auf den dicht gedrängten Terminplan und die »Sachzwänge«, die keine unproduktiven Gefühlsregungen zulassen.

Das Bild

Trauer äußert sich in den Metallorganen: Lunge, Dickdarm, Haut, Nase und dem Oberkörper. Typisch sind steifer Nacken, gekrümmter Brustkorb, ständiges Frieren, trockener Stuhl, trockene Haut, Lustlosigkeit und der »kalte Unterleib« – die chinesische Bezeichnung für sexuelle Lustlosigkeit oder Unfruchtbarkeit mit meist gleichzeitig vorhandener Kopflastigkeit.

Das Krankheitsbild hat sich dabei etwas gewandelt. Während frühere Generationen unter der viel beschworenen »Hartleibigkeit« litten, unter Bleichsucht und körperlicher Unbeweglichkeit, quält die Fit-for-Fun-Generation vor allem sexuelle Lustlosigkeit, das Gefühl allgemeiner Sinnlosigkeit und die »vorzeitige Menopause«. Geizten die einen mit Geld, so geizen die anderen mit ihrer Zeit. Beiden gemeinsam ist das Maßhalten und Planen im Übermaß.

Der kalte Unterleib

Eine Frau Mitte dreißig, voll im Leben stehend, sexuell aktiv, wenn auch eher lustlos, die wegen eines unerfüllten

Kinderwunsches oder trockener Haut, Falten oder absinkendem Östrogenspiegel in die chinesische Behandlung kommt, bringt ihre Beschwerden in der Regel nicht mit unausgelebter Trauer in Verbindung.

Wenn über eine längere Zeit alle melancholischen oder traurigen Gefühle zugunsten von Leistung oder dem Zwang zum »Spaß« unterdrückt werden, können gar keine Gefühle mehr aufkommen. Die Kontrolle, das Metall ist übermächtig geworden. Nur latente, weil niemals zugelassene Traurigkeit macht sich breit.

In diesem Zustand bemerken die Frauen, dass ihnen etwas fehlt. Da das Leben hohl und inhaltsleer erscheint, wird nun ein Kind – der Inbegriff von Spontaneität und Wärme – *geplant*. Aber jahrelanges Überwiegen metallischer Funktion hat jedes Überwallen, so oft auch den Eisprung, erschwert. Die chinesische Medizin nennt die fruchtbare Zeit »die Zeit der heißen Dämpfe«. Wer jahrelang klinisch sauber und unterkühlt gelebt hat, wird diese nur schwer hervorbringen.

In entlarvender Weise wird in dieser Situation häufig von der »tickenden biologischen Uhr« gesprochen. Deutlicher kann die irritierende und zerstörerische Wirkung von Zeitdruck und Planung auf das biologische Wesen Mensch nicht ausgedrückt werden.

Die Betroffenen sind hin- und hergerissen zwischen nun doch gelegentlich aufkommender Traurigkeit und dem vertrauten Impuls, sich angesichts von Traurigkeit in noch mehr Aktivität zu stürzen.

Die Schulmedizin kommt dem Bedürfnis nach Aktivität und genauer Planung stark entgegen. Es folgen genau zu planende, oft Menschen verachtende und äußerst aufwendige Untersuchungen und Eingriffe. Die geringe Effizienz dieser Prozeduren wird dabei durch geschickt erhobene Statistiken ungerechtfertigt geschönt.* Funktioniert es nicht, war die Frau schuld, mit ihren Hormon-, Gefühls- und sonstigen Störungen, funktioniert es, war es die Medizin. Bezahlt wird allerdings immer.

Abschied nehmen: trauern
Wenn ein nahe stehender Mensch stirbt, wie die Mutter Wu Zhaos, ist zum Abschiednehmen eine Zeit der Trauer nötig. Bei uns gelten längere Trauerzeiten als nicht mehr zeitgemäß. Das Thema soll möglichst bald erledigt und die Arbeits- und Funktionstüchtigkeit wiederhergestellt sein. Das Gefühl der Trauer abzutöten, gelingt jedoch nur nach dem »Kahlschlagprinzip«: Alle Gefühle werden gemeinsam abgetötet. Die Folge: Freudlosigkeit und das Gefühl von Abgestorbensein werden zum vorherrschenden Lebensgefühl.
Auf die Erkenntnis, dass es schädlich ist, nicht zu trauern, hält die westliche Psychologie sich viel zugute. Gemeinhin wird angenommen, die Menschen würden sich vor der Trauer »drücken«, weil sie so schmerzlich sei. Psychologen fordern ihre Klienten daher auf, »Trauerarbeit« in verschiedenen Phasen zu »leisten«. Mit diesen Ausdrücken, die Aktivität und Entwicklung, also Yang, vortäuschen, entlarvt sich die Angst der Psychologen vor dem

---

* So sprechen die Fertilitätsmediziner, wenn es um die Erfolgschancen ihrer Methoden geht, lieber von Schwangerschafts- oder Befruchtungsrate, statt ehrlicher die viel niedrigere *Baby-take-home-rate* zu nennen.

tiefen, dunklen und sich verlierenden Yin-Charakter der Trauer.

Trauer ist das menschliche Gefühl, das die metallische Funktion des Zerstörens und des Beendens begleitet. Bei Trauer wird nichts produziert und es gibt auch keinen Fortschritt. Nichts baut aufeinander auf, und es wird auch nichts geleistet. Trauer ist das Geschehenlassen des Schmerzes angesichts von Zerstörung und Ende. Trauer ist passiv, eine Yin-Bewegung der totalen Hingabe an das Nichts. Wer sich aufmacht, im Namen der Trauer »Arbeit zu leisten« und Fortschritte zu machen, verhindert durch die Vortäuschung von Aktivität (Yang), und sei es auch nur auf der psychischen Ebene, gerade die wahre Trauer. Trauer ist der Weg in einen dunklen Tunnel, voller Geister und Dämonen und unvorhersehbarer Abgründe. Nicht immer gelingt es den Wanderern, heil hindurchzukommen, manche verlieren sich für immer. Davor stehen zu bleiben, führt jedoch zu Erstarrung und Gefühllosigkeit. Eine lebendige Frau wird im Laufe ihres Lebens nicht darum herumkommen, diesen Tunnel zu durchschreiten, vermutlich sogar mehrmals.

Alle Kulturen, sofern sie noch intakt sind, geben den Wanderern eine Hilfe in Form von präzisen, leicht verständlichen und eine gewisse Disziplin erfordernden Trauerritualen mit auf den Weg. Diejenigen, die in den Tunnel der Trauer eintreten, werden für die Zeit ihres Weges von ihren gesellschaftlichen Verpflichtungen befreit. Äußerlich wird diese vorübergehende Trennung von der Gemeinschaft durch Trauerkleidung signalisiert.

Im alten China war es üblich, dass die Trauernden sich während der Trauerzeiten (drei Jahre für den Vater, ein

Jahr für die Mutter) nicht um ihre Familienangelegenheiten zu kümmern hatten, von Geschäften freigestellt wurden und sich im Kontakt mit den Mitmenschen anders verhielten als sonst. Introvertiertheit wurde geradezu erwartet. Trauernde lachten nicht, diskutierten nicht und zogen sich zurück. Selbst vorübergehende Verwirrung und Desorientierung wurden als Zeichen wahrer Trauer verstanden, galten in anderen Worten als Zeichen sozialer Angepasstheit.

Wer Trauernden begegnete, musste mit ihnen gemeinsam klagen. Entferntere Verwandte der Verstorbenen, die einer weniger langen oder keiner Trauer unterlagen, mussten den Trauernden beim Klagen Gesellschaft leisten. In genau festgelegten Abständen veranstalteten sie während der Trauerzeit Zeremonien, die die Trauernden Schritt für Schritt in ein normales Leben zurückgeleiteten. Nach Beendigung der Trauerzeit wurde die Wiederaufnahme des normalen Lebens mit einer abschließenden Zeremonie besiegelt. Danach durfte nicht mehr getrauert werden!

Schon im alten China wurde wiederholt geäußert, dass solche Vorschriften zu rigide seien, um der Vielfalt menschlicher Empfindungen gerecht zu werden. Doch letzten Endes ist es besser, der Trauer einen festen Raum einzuräumen als gar keinen. Die Trauernden erhielten ausreichend Zeit und Raum, in ihre Gefühle einzutauchen, ohne dafür mit totaler Isolation, medizinischer Stigmatisierung und beruflicher Benachteiligung bezahlen zu müssen.

Bis heute ist es in China so, dass Menschen, die auf eine angemessene Trauerzeit verzichten, sich eher gesellschaftlich und beruflich isolieren als die, die offiziellen Trauerurlaub beantragen. Es sind die Nichttrauernden, die menschlich fragwürdig erscheinen, und nicht die Trauernden.

Abschied nehmen: sortieren und ausmisten
Es ist nicht möglich, dass alle Ideen und Hoffnungen verwirklicht werden, so wie es auch unmöglich ist, dass aus allen herabgefallenen Kastanien neue Kastanienbäume wachsen. Darum hilft das Metall zu unterscheiden, hilft, sich von gestorbenen Projekten und Ramsch zu befreien. Trennt und sichtet, was lohnt, aufgehoben zu werden, und was in den Müll gehört. Das gesunde Metall beherrscht die Kunst, sich vom Überflüssigen zu befreien und Ballast abzuwerfen.
Stimmt die Balance nicht, so sind zwei Extreme möglich: einmal der totale Kahlschlag, alles wird weggeworfen – und andererseits die generelle Unfähigkeit, sich von Überflüssigem zu trennen. Schachteln und Gläser werden aufgehoben, bis die Wohnung überquillt, ebenso schlecht sitzende Hosen, alte Zeitschriften und langweilige Liebhaber.

Exkurs: Gefühle unter Kontrolle – der Zyniker
Der Weg durch den Tunnel ist nichts für feige Menschen. Gerade Männer fürchten sich oft vor der Hingabe an die mit Abschied verbundenen Gefühle und Schmerzen. So bleiben sie häufig wie erstarrt in der Wandlungsphase Metall stecken. Nicht immer ist das an korrekter grauer Kleidung und Bügelfalte, metallic lackierter Autokarosserie oder acrylicgrauer, minimalistischer Wohnungsausstattung mit viel Hightech zu erkennen. Fehlt es diesen

Männern am ausgleichenden Feuer, so werden sie zu echten Stimmungskillern. Alle Ideen, alle spontanen Äußerungen, wie den Vorschlag, abends kurz entschlossen eine Party zu veranstalten oder sündhaft teuer essen zu gehen, kippen sie mit dem Hinweis auf die Uhrzeit, den nächsten Tag, oder sie sind der Meinung, dass man das gerne einmal machen könne, ein anderes Mal, wenn ein besonderer Anlass sei, wenn es sich steuerlich absetzen ließe oder wenn sie es einige Tage vorher wüssten – aber heute nicht.

Die eigenen Gefühle werden nicht gezeigt, Gefühlsäußerungen anderer Menschen lächerlich gemacht und sarkastisch kommentiert. Besonders stark reagieren metallbetonte Männer auf Gefühlsausbrüche von Frauen. Sei jetzt nicht hysterisch, überkandidelt, irrational. »Du bist ja verrückt«, heißt es. Systematisch kultivieren sie ihre Vertrocknung mit Kaffee und Tabak und, wenn gelegentlich doch etwas Feuer durchbricht, mit trockenem Humor. Eine Steigerung des trockenen Humors sind Zynismus und Sarkasmus. Besonders Menschen, die diese Art des Witzes nicht kennen und von sich aus eher herzlich, spontan und großzügig sind, können auf diese Weise tief verletzt werden.

Seltsamerweise geht manchmal eine gewissen Faszination von diesen Männern aus. Sie wirken geheimnisvoll, als würden sie etwas verbergen. Oft ist es nur eine Pose. Hinter dem Rauch der Pfeife oder Zigarette und den schillernden zynischen Sprüchen klafft meist nur ein emotionales Vakuum. Das Strategem der leeren Festung nannten die Chinesen dies.

Als (Hochschul-)Lehrer und Gelehrte scheinen sie geradezu darauf spezialisiert zu sein, die Begeisterung, Neugier

und Kreativität ihrer Studenten zu zerstören: »Ihre Arbeit mag vielleicht einige ganz nette Ansätze enthalten. Formell genügt sie allerdings nicht einmal den minimalsten akademischen Kriterien. Sie werden daher kaum erwarten, dass ich mich ernsthaft damit befasse«, lassen sie kühl verlauten.
Eventuelle Gefühle werden nur portionsweise freigelassen. Ihr Sexualleben steht unter dem Motto: Regelmäßiger Sex ohne übermäßige Gefühlswallungen ist gut für die Gesundheit. Notfalls kann er zusätzlich als Stoff für ihr literarisches Schaffen herhalten. Abgesehen von dieser Notwendigkeit verweisen sie alle um sich herum in ihre Grenzen. Wer diese nicht akzeptiert, kann keine Gnade vor ihrem Zynismus erhoffen.

Das tut die Kaiserin

Die Kaiserin gibt sich dem Yin der Metallphase hin und lebt ihre Traurigkeit.
Die Kaiserin trennt sich von allem Überflüssigen. Sie fragt sich, was brauche ich wirklich? Habe ich es in den letzten zwei Wochen, den letzten drei Monaten gebraucht, oder liegt es nur herum und blockiert mich? Die alles entscheidende Frage lautet: Stärkt es mich, oder schwächt es mich? Dies gilt für Dinge genauso wie für Menschen.
Die Kaiserin sortiert und trennt. Dies gilt auch für Ballast aus alten Verpflichtungen und Gewohnheiten, die sie unfrei und schwer machen. Ein chinesisches Sprichwort lautet: »Wenn das Alte nicht geht, kann das Neue nicht kommen.«

Bei unerfülltem Kinderwunsch können unterschiedliche Trennungen anstehen. Zum einen, und gar nicht so selten, steht die Trennung vom Partner an. Dieser Schritt schafft oft Raum für eine neue Blüte.
Unsentimentales und kritisches, eben metallisches Denken wird ihr hier sicher den Weg weisen. Gibt es keinen solchen Weg, bleibt nichts als das Akzeptieren des gescheiterten Traums vom Kind. Die Kaiserin scheut sich nicht, sich ihrer Trauer über die verlorene, oder vielleicht nie bestandene, Fruchtbarkeit hinzugeben – so lange, bis die Tränen hervorquellen und die oft jahrelang unterdrückte Lebendigkeit in einer großen Welle von Traurigkeit über sie hinwegrollt.
Solange die Kaiserin sich krampfhaft am Rand dieses Abgrunds festhält, wird es nicht weitergehen. Sie muss sich fallen lassen in das Ungewisse und nicht Planbare, in die Passivität. Sie muss sich frei machen von krampfhaftem Aktivismus, zum Beispiel in Form endloser Fertilisationsversuche. Die völlige Hingabe an das Gefühl von Trauer, Hilflosigkeit, Angst und Tod ist eine Yin-Bewegung und kann einen neuen Anfang einleiten, wie immer dieser aussehen mag.

Die Kaiserin weiß, wie wichtig Trauer ist. Ganz gleich ob ein geliebter Mensch stirbt oder ob sie die Trennung selbst herbeiführt.
Beim Herbeiführen von Trennungen unterscheidet die Kaiserin zwischen edlen und unedlen Menschen. Bloße Geselligkeit und angenehme Gewohnheit täuschen sie nicht darüber hinweg, dass eine Kaiserin ihre Zeit nicht mit Unedlen vergeudet. Sie hütet sich vor dem behag-

lichen gemeinsamen Sumpf und bevorzugt notfalls die einsame Klarheit.

Dabei muss die Kaiserin sich gelegentlich auch von lieben und netten Menschen trennen, wenn sie erkennt, dass eine Beziehung vorbei ist. Auch hier hilft der metallische, unerbittliche Verstand. Wenn sie sich nach dem Treffen mit bestimmten Menschen immer ausgelaugt, gelangweilt und müde fühlt oder deren Gesellschaft nur in alkoholisiertem Zustand erträgt, zieht sie einen Schlussstrich. Wie gesagt, die alles entscheidende Frage lautet: Stärkt es mich, oder schwächt es mich?

Vielleicht ist dies schmerzlich, aber als gute Gärtnerin weiß die Kaiserin: Es tut Not, Licht und Raum für Neues zu schaffen. Nur so wachsen Erkenntnis und Spiritualität. Was übrig bleiben soll, an Menschen und Träumen, wird die Kaiserin daran erkennen, dass sie sich kraftvoll und inspiriert fühlt und auf neue, vielleicht verrückte Gedanken kommt. Was sie ausgemistet hat, ist nur das vertrocknete Gestrüpp, die Wurzeln und die Kraft sind geblieben.

Die Kaiserin weiß, dass es nichts hilft, den Prozess hinauszuzögern. Todgeweihtes muss sie gehen lassen. Je schneller, desto besser. Tut sie es rechtzeitig, hat sie noch Zeit für einen oder viele neue Frühlinge. Versäumt sie es, den Schritt rechtzeitig zu machen, nimmt die Verhärtung und das stückweise Absterben kein Ende, bis der endgültige Tod sie aus ihrer Verzweiflung erlöst und es für immer Winter wird.

So befeuchtet die Kaiserin ihr Metall

Hat stecken gebliebene Trauer zu Trockenheit geführt, hilft es nicht, viel zu trinken. Körperfremdes Wasser kann nicht befeuchten, wenn das blockierte Metall es nicht verteilt. Besser zur Befeuchtung der Haut und der Schleimhäute sind Früchte (vor allem Birnen), Mandeln, Pinienkerne und frische grüne Sprossen, die das Holz und seine Saftigkeit unterstützen. Auch Ginseng stärkt die Lunge und schafft Säfte. (Vorbeugend befeuchtend wirkt das Ginseng-Rezept aus Kapitel 10.)
Da bei starker Trockenheit oft das Yin geschädigt ist, hilft auch der berühmte Schönheitsschlaf, vor allem der vor Mitternacht. Äußerlich helfen Mandelöl und Sesamöl in Nahrungsmittelqualität. Stark trockene, juckende und schuppende Haut lebt auf unter einer Packung von Mandelmus mit etwas Eigelb, die mit warmem Wasser abgewaschen wird.
Scharfe Gewürze und Tabak erhitzen und stimulieren das Metall. Im Übermaß genossen schädigen sie das Metall und trocknen aus. Genauso schädlich sind bittere Nahrungsmittel (Kaffee, auch Getreidekaffee) und Kräuter, die trocknend wirken, wie zum Beispiel »Schwedenkräuter« und diverse bittere so genannte »Gallentees«.

So hilft sich die Kaiserin bei Erstarrung und Trauer

Der Tee *Meißel, der Erstarrtes löst* hilft gegen innere Erstarrung, große Trockenheit und nicht enden wollende Trauer. Die dazugehörigen körperlichen Zeichen sind trockene Schleimhäute der Nase, Lunge und der Genitalien und trockene, welke Haut.

Kaiserinnenelixier: *Meißel, der Erstarrtes löst*

Herba Ecliptae prostratae	90 g
Rhizoma Polygoni multiflori	90 g
Fructus Ligustri Lucidi	45 g
Radix Morindae	45 g
Radix Ophiopogontis	45 g
Fructus Corni	36 g
Pericarpium Citri maturi (chenpi)	9 g

Diese Menge reicht für eine Woche. Den Tee nach dem Essen trinken. (Zur Zubereitung siehe Seite 249 ff.)

Das folgende Rezept hat Sun Simiao für die Kaiserin Wu geschrieben, um dieser zu »volleren Lippen« zu verhelfen. Die Kräuter verbessern die Durchblutung des Gesichts. Nach der Einnahme breitet sich ein prickelndes Gefühl im Gesicht, vor allem aber um die Lippen aus – als würde jede Zelle mit frischer Energie aufgeladen.

Kaiserinnenelixier: *Tonikum für volle Lippen*

Radix Rehmanniae viridis	40 g
Radix Ophiopogontis	30 g
Herba Asari	15 g
Radix Glycyrrhizae praeparatae	15 g
Rhizoma Ligustici wallichii	15 g
Radix Atractylodis macrocephalae	15 g
Radix Atractylodis macrocephalae	15 g
Radix Astragali	15 g
Rhizoma Cimicifugae	20 g
Rhizoma Polygoni odorati	20 g

Diese Menge reicht für eine Woche. Nach dem Essen einnehmen. (Zur Zubereitung siehe Seite 249 ff.)

So behandelt die Kaiserin Zyniker

Feurige Metallmenschen verbinden messerscharfen Intellekt mit Leidenschaft und Spontaneität. Bei diesen eher seltenen Menschen gehen Metall und Feuer eine günstige Verbindung ein.
Festgefahrene Metallmenschen zerstören fanatisch die guten Ideen und spontanen Impulse anderer Menschen (und ihre eigenen). Die Kaiserin weiß, dass Zyniker und Metallmenschen, die andere immer wieder in ihre Grenzen verweisen, in Wahrheit Angst vor der eigenen Lebendigkeit haben. Angst davor, die eigenen Gefühle könnten hervorbrechen, Überraschung und Chaos auslösen und sie selbst verwirren. Zyniker haben Angst vor Überraschungen, vor

Ekstase und Kontrollverlust. Darum wappnen sie sich mit Zeitplanern, Versicherungen und Verträgen. Sie berechnen alles, versichern sich gegen jeden möglichen Schaden und vergessen, dass sie lebendige Wesen sind.

Die Kaiserin nimmt die oft intelligenten und korrekt durchdachten Überlegungen der Metallmenschen zur Kenntnis und nutzt sie nach Belieben für ihre eigenen Pläne und Argumentationen. Stehen die Kalkulationen der Metallmenschen den Wünschen der Kaiserin entgegen, so weiß sie, dass jede Rechnung sich durch eine andere Rechnung widerlegen lässt. Metallmenschen, die Metall und Feuer zu verbinden wissen, und dazu gehören die wirklich großen Mathematiker und Physiker, wissen, dass die Wahrheit jenseits aller Berechnungen liegt.

Wenn die Kaiserin einen weniger erleuchteten Zyniker oder Metallmenschen vorübergehend aus einem Denkkäfig, Labor, Archiv oder Computerraum herausholen möchte, sollte sie es nur zum eigenen Vergnügen tun. Niemals, um ihm zu helfen oder ihn gar zu heilen. Denn das geht in jedem Fall schief. Die Kaiserin ist eine Genießerin und drängt niemandem ihre Vorstellungen auf. Vorübergehend kann sie einem Metallmann einheizen und ihn so entflammen, dass das Metall seinen Verstand schmilzt, ohne dass er das verhindern kann, denn Feuer bringt Metall zum Schmelzen. Vielleicht reicht sie ihm noch ein Glas Rotwein, am besten Glühwein mit viel Zimt und Nelken. Niemals wird sie versuchen, ihn mit Argumenten zu überzeugen. Bevor er wieder nüchtern ist, hat sie längst das Weite gesucht.

Der Kaiserin am gemäßesten ist es allerdings, auf diese Männer keinerlei Mühe zu verschwenden und sie sich selbst zu überlassen. Metallmenschen mit ihrer Berechnung, ihrem Kontrollwunsch und ihrem schwachen Feuer sind logischerweise ohnehin meist miserable Liebhaber.

KAISERINNENSÄTZE

- Die Kaiserin macht sich nichts vor.
- Die Kaiserin trennt sich von allem Überflüssigen.
- Die Kaiserin ist erbarmungslos.
- Die Kaiserin durchwandert tiefe Abgründe.
- Die Kaiserin verrät nicht alle ihre Geheimnisse.

9

Machtwechsel, Wechseljahre
Holz – Leber – zweiter Frühling

Im Jahre 674, im fünfzigsten Jahr ihres Lebens, versiegt die monatliche Essenz* der Wu Zhao. Der Kaiser zieht sich zurück, er kränkelt und komponiert edle Weisen.
Wu Zhao erdenkt ein großes politisches Programm. Für die Armen und die Frauen. Für umfassende Erneuerung im Geiste des Lao Zi. Zur Festigung der Basis ihrer Macht. Doch wie es durchsetzen gegen konfuzianische Würdenträger? Wie magisch und machtvoll sein, ohne den Fluss der Essenz?
Wieder reist die Kaiserin, reist zu Sun Simiao, dem Weisen, weit entfernt in den Bergen lebt er noch immer. Mit ihr eine Prinzessin. Sie möchte Magierin werden, Heilkunst lernen bei Sun Simiao. Lächelnd akzeptiert der Arzt die schöne Schülerin.
Und Wu Zhao spricht: »Das himmlische Wasser ist versiegt, die monatliche Essenz fließt nicht mehr. Zahlreich sind die Gegner, und meine Macht ist beendet. Gebt mir einen Zauber.«
Da lacht der Weise: »Ich bin nur ein einfältiger Alter. Die Kaiserin seid Ihr. So will es die Bestimmung. Große Dinge stehen bevor, und Euer Weg ist erst zur Hälfte beschritten. Hitze versprüht Ihr und Kraft, kein Blut schwemmt sie davon. Der hölzerne Drache bäumt sich auf. Frei ist die wilde Macht. Doch auch des Drachen Kraft muss gehorchen,

---

* Menstruation

wenn die Tigerin der Klugheit es gebietet. Kraft braucht Lenkung, Kraft braucht Richtung. Seid Tigerin, und beherrscht den wilden Drachen. Reitet ihn, und er wird Euch tragen, wohin Ihr wollt. Weint und klagt, und er wird Euch zerstören mit Feuer und Leid.« Der Weise lacht, seine Augen funkeln. »Eine schöne Schülerin habt Ihr mir gebracht, Wu Zhao, habt Dank dafür. Hier nehmt den Tee Die Kaiserin reitet den Drachen.«

Wu Zhao trinkt, und ihre Energie fließt frei. Mächtig ist Wu Zhao und sprühend voll Kraft. Ein großes Programm wird wahr. Geschenke an Klöster und Tempel. Gleiche Trauerzeit für Mutter und Vater. Niedrige Steuern. Eine kleinere Armee. Land für die Armen. Lao-Zi-Lektüre für die Würdenträger. Weise erweitert Wu Zhao die Basis ihrer Macht. Zielstrebig bereitet sie die Thronbesteigung vor.

Die Macht wechselt

Während der ersten Hälfte der erwachsenen Jahre einer Frau unterliegen Zunehmen und Abnehmen ihrer Kraft und Fülle den Rhythmen und Gesetzen der Natur. Es geht um die Abfolge der Generationen, ganz gleich, ob die Frau sich entscheidet, selbst zu gebären oder nicht.

Die zweite Hälfte des Lebens gehört ihr allein. Es ist ein Geschenk, ein Luxus und eine Herausforderung, ihre Kräfte verschwenderisch für das einzusetzen, was nur ihr wichtig ist. Mit dem Versiegen der Menstruation hat die Frau all ihre Kraft für sich selbst. Nichts strömt mehr davon. Nun verfügt sie über die Möglichkeit und die Erfahrung, das in die Tat umzusetzen, was sie immer schon wollte, sich vorher nicht traute oder wofür sie keine Zeit hatte. Vorausgesetzt, sie ist bereit, das Geschenk zusätzlicher Kraft anzunehmen. Mit allen Konsequenzen. Die Frau um fünfzig ist die mächtige Matrone, nicht das liebliche Mädchen.

Das Mädchen sucht Liebe durch Unterwürfigkeit, Schönheit, Sanftmut und Schwäche. Doch die Kaiserin war ohnehin niemals dieses Mädchen. Sie liebte sich selbst und verschenkte ihre Liebe mit vollem Herzen. Gebettelt und geschmachtet hat sie nicht oder nur für kurze Zeit, in der sie vergessen hatte, dass sie die Kaiserin ist. So wird sie sich auch nicht ducken auf dem Höhepunkt ihrer Macht. Welche Rolle könnte ihr besser stehen als die der mächtigen Matrone?

Aber ach, auch eine Kaiserin kennt Zweifel. In schwacher Stunde fürchtet sie sich, vielleicht schon mit vierzig Jahren, vor der Zeit, die da kommen soll: vor den Wechseljahren, der Menopause. Wird sie unter den berüchtigten »Hitzewallungen« leiden, unter Schlafstörungen, Stimmungsschwankungen und Depressionen und zu allem Überfluss auch noch zunehmen?

Doch die Kaiserin weiß, eine ganze Industrie lebt von diesen fleißig genährten Ängsten. Alle haben nur das Ziel, den Frauen zu »helfen«, sich nicht weiterzuentwickeln zur machtvollen Matrone, sondern lieber das machtlose, aber angeblich geliebte, weil »liebliche« Mädchen zu bleiben. Ausdrücke wie Matrone – große, mächtige Mutter – werden allenfalls verwendet, um die betroffenen Frauen als unattraktiv und dick zu schmähen. So viel Angst und Ablehnung sollte die mächtige Frau, die eine Kaiserin nun einmal ist, nicht schrecken.

Die Wahrheit ist: Die Kaiserin bleibt die Kaiserin. Durch die ausbleibende Menstruation verfügt sie über neue Energiereserven. Wenn sie klug ist, kann sie diese nutzen in einem Alter, in dem die meisten gleichaltrigen Männer rapide abbauen. In Wahrheit kann für sie der sehnlichste Menschheitswunsch in Erfüllung gehen: noch einmal jung sein mit all der Erfahrung der späteren Jahre. Dies genau geschieht in den Wechseljahren.

Nur wer so naiv ist, jung sein mit Faltenfreiheit zu verwechseln, wird diese Jugend nicht fühlen. Junge Menschen glühen ständig vor Begeisterung, aus Verlegenheit, aus Erregung und vor Anstrengung. Sie wissen gar nicht, wohin mit all ihrer Kraft. Müdigkeit kennen sie kaum.

Ab dem dritten Lebensjahrzehnt lernen die meisten Frauen, ihre Kräfte einzuteilen, meistens ist ihnen ohnehin eher kalt, und die Zeit zum Schlafen und Ausruhen fehlt häufig auch. Nicht so die Frau in den Jahren des Wechsels. Sie glüht zum zweiten Mal. Ihr Schlafbedürfnis nimmt oft dramatisch ab. Sie könnte ganze Nächte durchtanzen. Doch plötzlich ist es ihr peinlich. Sie fürchtet, jemand könnte bemerken, dass sie sich im Alter aller Schreckschrauben, Spinatwachteln und Zimtzicken befindet. Im Alter zwischen vierzig und sechzig.

Eine ganze Propagandaindustrie nährt diese Ängste. Statt die Frau anzufeuern und ihr Glück zu wünschen für die größte Veränderung ihres Lebens, für die zweite Jugend, wird sie in einer künstlichen, längst überholten Vergangenheit gehalten. Statt sich ihren Aufgaben zu stellen, soll sie mit anderen Frauen darum wetteifern, welche am längsten in einem regressiven Zustand der künstlichen Faltenfreiheit und des glatten Teints verweilt. Sie soll sich fragen, wie erhalte ich mich jung, welche Creme tilgt Falten, wie werde ich fertig mit der berüchtigten Hitze. In der Folge ist es der Frau peinlich, wenn Hitzewallungen und Schweißausbrüche kommen. Das Schlimmste: Sie lernt früh, die Zeichen ihres zweiten Frühlings als Krankheitssymptome zu interpretieren.

Statt ihre Macht anzunehmen und hemmungslos auszuleben, macht sie sich klein und delegiert die Bestimmung über ihren Körper an die Wissenschaft. Plötzlich greifen einst selbstbestimmte Frauen zu Ratgeberbüchern und schlucken brav alles, was die Ärzte verordnen.

Eine Kaiserin trifft ihre Entscheidungen selbst. Sie lebt nach ihrer eigenen Ordnung und nicht nach den Verordnungen irgendwelcher Autoritäten.

Der Kaiserin ist ihre Kraft nicht peinlich. Lächerliche Konventionen gelten ihr nichts. Die Kaiserin traut sich. Sie traut sich, in einer Besprechung das Fenster zu öffnen und mit Seitenblick auf einen hübschen Mann zu sagen: Mir wird hier ganz schön heiß.

Das Bild

Die tatsächlich in diesem Alter auftretenden Beschwerden können zahlreich sein: Hitzewallungen, Schweißausbrüche, Depressionen, trockene Schleimhäute, Nachtschweiß, Schlafstörungen, Gefühl der inneren Leere, rheumaartige Gelenkbeschwerden, Taubheit, Kribbeln, glanzlose Haare, brüchige Nägel und anderes mehr. Aber häufig wird vergessen, dass Frauen in jedem Alter, in Situationen der Belastung ebenfalls, vielerlei Symptome aufweisen können.

Gerade bei Befindlichkeitsstörungen ist die subjektive Bewertung der Beschwerden, in diesem Fall die gefürchtete Erkenntnis, dass die Wechseljahre beginnen, oft der am meisten krank machende Faktor. Nach der Devise: Ich bin also in den Wechseljahren, und deshalb geht es mir jetzt schlecht.

Die Wechseljahre dauern nach Ansicht der chinesischen Medizin zwanzig Jahre. Sie sind ein langsamer Übergang, ein Abfallen der Hormonproduktion. Bei ausgewogener Ernährung und ausgeglichener Gemütsverfassung vollzieht sich dieser Übergang so allmählich, dass die Frau davon kaum etwas Unangenehmes bemerkt.

Häufig wird bei der Bewertung der Wechseljahrsymptome vergessen, dass die meisten Frauen im Laufe ihres Lebens viel heftigeren Schwankungen ihres Hormonspiegels ausgesetzt sind als während der Wechseljahre: Die Pubertät, jedes An- und Absetzen der Pille, jede Schwangerschaft, jede Geburt, jede Fehlgeburt und jeder Abbruch und nicht zuletzt der Menstruationszyklus selbst bewirken vielfältige, zum Teil extreme Veränderungen des Hormonspiegels. Sie werden allerdings, je nach Bewertung der Lebenssituation, ganz unterschiedlich erlebt.

Der Hormonspiegel schwankt darüber hinaus bei Stress, bei Diäten, beim Fasten, bei Schlafentzug, unter Medikamenteneinnahme und durch das Rauchen. Je nach subjektiver Bewertung werden diese Veränderungen als angenehm oder unangenehm empfunden.

Sobald allerdings auf körperlichen Geschehnissen gleich welcher Art das Etikett »Wechseljahrbeschwerden« klebt, werden diese unweigerlich als unakzeptabel erlebt. Im Gegensatz zu den vielen Beschwerden und Veränderungen anderer Lebensphasen, mit denen die Frau selbst zurechtgekommen ist, muss nun der Arzt her, der den Verlauf der Jahre anhalten soll.

Das passiert energetisch

Im Laufe des Lebens verbraucht sich die angeborene Lebensenergie, die Essenz, die in den Nieren gespeichert ist, immer mehr. Ist die Hälfte dieser angeborenen Energie verbraucht, setzt bei den Frauen ein sinnvoller Sparmechanismus ein: Das »himmlische Wasser« versiegt, die Menstruation bleibt aus. Wenn die Menstruation ausbleibt, stehen die Kräfte, die zuvor mit der Blutung zyklisch freigesetzt wurden, den Frauen nun nach Belieben zur Verfügung. Nutzt sie diese nicht, staut sich die expansive Holzenergie. Es kommt zu Störungen des Energieflusses (wie im prämenstruellen Zustand), die sich in Form von Hitze, Gereiztheit oder sexueller Übererregung äußern können.

Yin und Yang der Lebensenergie

Die angeborene Essenz, in ihren gegensätzlichen und doch nicht zu trennenden Aspekten Yin und Yang, verbraucht sich wie mehrfach erwähnt mit fortschreitendem Alter. Da Gesundheit nach Ansicht der chinesischen Medizin in der Harmonie von Yin und Yang besteht, wäre es wünschenswert, dass sich Yin und Yang im gleichen Ausmaß verbrauchen. Je nach Geschlecht und Lebensstil geschieht dies allerdings eher in aufeinanderfolgenden Schritten und meist auch unterschiedlich stark.

Während das Yang sich vor allen Dingen bei nach außen gerichteten, kreativen und aggressiven Tätigkeiten und körperlicher Arbeit erschöpft, verbraucht sich das Yin durch Schlafmangel, Stress, emotionale Erregung und starke Gefühle, durch Geburten, Fehlgeburten und Blutverlust.

Die meisten Frauen verbrauchen ihr Yin sehr viel schneller als ihr Yang. Während die meisten Männer umgekehrt ihr Yang mehr verausgaben und in der Lebensmitte, meist nach einer Krise, ruhiger werden und neue, oft künstlerische oder spirituelle Seiten an sich entdecken. Es ist die Zeit, in der in vielen Familien ein effektiver Machtwechsel stattfindet. Der Mann wird sanfter, körperlich etwas schwächer und eher häuslich. Die Frau zieht es hinaus.

Überschüssiges Yang – Hitzewallungen

In der Lebensmitte überwiegt bei Frauen oft das hitzige Yang. Mit dem Versiegen der Menstruation wird überschüssige Hitze nicht mehr ausgeleitet. Da ein großer Teil des kühlenden und zusammenhaltenden Yin in der Lebensmitte schon verbraucht ist, können manche Frauen durch das überschüssige Yang ganz schön in Wallungen geraten.

Eine vergleichbare Konstellation, allerdings auf noch höherem Energieniveau, erleben junge Männer zur Zeit ihrer Pubertät. Während diese sich allerdings, von der Umwelt angefeuert, im Bewusstsein ihrer Männlichkeit sonnen, versuchen Frauen ihren exaltierten Zustand möglichst zu verbergen.

Hitzewallungen, Schweißausbrüche und Herzklopfen sind ein Zeichen dafür, dass die Frau noch viel vorhat und sich noch nicht ganz traut. Die empfundene Wärme ist ein Zeichen, dass es sich bei der Energie um Yang-Energie handelt, kräftige, eher männlich assoziierte Aktionsenergie. Während früher die Männer mit dünner Jacke durch die Kälte liefen, diese noch kavalierhaft auszogen und der frierenden Frau umhängten und sogar im T-Shirt noch glühten, lernt die Frau in den Wechseljahren, diese neue Art der Energie zu nutzen. Dies kann dazu führen, dass sie ein völlig neues Leben beginnt. Selbstbestimmter, sexuell aggressiver, zielstrebiger und kompromissloser. Die Kaiserin geht ihren eigenen Weg.

Da viele Frauen sich nicht trauen oder sich noch nicht die Gelegenheit dafür geschaffen haben, energetisch so zu handeln, wie sie empfinden, kommt es gerade zu Beginn der Verwandlung zum Stau der Holzenergie, dem berühmten Leberqi-Stau, der sich unter anderem in Gereiztheit äußert. Wenn die Frau das lebt, was in ihrem Innern nach außen drängt, löst sich der Stau.

Findet die Verwandlung nicht statt und verharrt die Frau in ihren gewohnten Bindungen und Konventionen, können Qi-Stau und die dadurch verursachten Missempfindungen überhand nehmen und unerträglich werden.

Leber-Yang, die Galle, trifft Entscheidungen und setzt den Impuls zur Handlung. Wenn der Zustand der Entschlusslosigkeit und Mutlosigkeit lange anhält, kommt es zum nach innen gerichteten Gallenfeuer mit allmählicher Verbitterung.

Die zweite Hälfte des Frauenlebens steht also unter dem Zeichen des Yang. In diesem Alter ist des Yang der Männer oft verbraucht. Sie werden müde, ihre Potenz nimmt ab, und oft fühlen sie das Bedürfnis nach einem »Energietransfer« und suchen sich eine junge Frau, um sie vampirhaft auszusaugen (vergleiche Kapitel 2).

Die Kaiserin jammert nicht. Sie nutzt ihre neue Chance und ihre Freiheit und denkt an das chinesische Sprichwort: »Wenn der Alte nicht geht, kommt kein Neuer.«

Wenn es der Frau gelingt, ihre Yang-Energie brausen zu lassen wie eine Meeresflut, wird sie von den meisten »typischen« Wechseljahrbeschwerden verschont bleiben. Sie wird zur Tigerin, die mit Klugheit und Entschlossenheit ihre Yang-Energie, den hölzernen Drachen, reitet und für sich fauchen lässt.

Yin-Mangel: Nachtschweiß – Essenzverlust

Eine Frau, die im Zeichen des Yang steht, der Expansion und Selbstverwirklichung, tut gut daran, ihr Yin, das Zusammenhaltende, zu bewahren. Andernfalls kommt es zu übermäßigem Verlust von Säften (Nachtschweiß, Blutungen, Zwischenblutungen, ausgetrockneten Schleimhäuten) und langfristigem Mangel an Essenz. Das Yin wird bewahrt durch Schlaf, Reizentzug und Yin-Versiegelung.*

---

* Seltener ist in dieser Zeit der Yang-Mangel. Er zeigt sich durch Kälte, Lustlosigkeit und Erschöpfung. Vergleiche hierzu Kapitel 7.

Wenn das Yin zu sehr geschwächt ist, kommt es zu übermäßigem nächtlichen Schwitzen. Schwitzen in der Nacht muss von den Hitzewallungen am Tag deutlich unterschieden werden und wird auch von der chinesischen Medizin anders behandelt. Hitzewallungen sind Ausdruck von überschäumender Yang-Energie, Schweißausbrüche während der Nacht, der Zeit des Yin und der Sammlung, sind hingegen oft ein Zeichen von Yin-Mangel. Nachtschweiß ist in allen Lebensaltern behandlungsbedürftig, da er ein Zeichen dafür ist, dass der Körper seine Substanz verliert. Das schwache Yin bewirkt durch das nächtliche Schwitzen einen Verlust von Säften* und wird selbst immer schwächer – die Störung verstärkt sich also immer weiter. Schlimmstenfalls führt das zum »Vertrocknen« der Betroffenen. Yin- und Säfte-Mangel zeigen sich in trockenen Schleimhäuten, vor allem der Genitalien, in nachlassender Sehkraft, leichten Ohrgeräuschen oder schlechtem Hören.
Ständige ziehende, nicht sehr starke, aber eben chronische Rückenschmerzen, vor allem nachts und besonders im Bereich der Taille, zeugen ebenfalls frühzeitig von einem alarmierend schwachen Yin. Alarmierend, weil ein schwaches Yin dazu führen kann, dass Essenz verloren geht, die Knochen weich werden und Osteoporose droht.

Medikamente: Hormone oder Kräuter

Gerade die Symptome eines leeren Yin verbessern sich durch Hormonsubstitution. Substitution heißt Ersatz.

* vgl. Glossar

Dem Körper der Frau wird hormonell vorgespiegelt, er altere nicht. Nachteil ist, dass die noch vorhandene körpereigene Restproduktion von Hormonen damit nicht etwa gefördert, sondern behindert wird. Hinzu kommt, dass Hormontherapien trotz geringer Variationen in der Anwendung letztendlich alle Frauen über einen Kamm scheren. Der notwendige regelmäßige Arztbesuch und die Medikamenteneinnahme prägen die Vorstellung, Wechseljahre seien eine behandlungsbedürftige Krankheit.

Nicht zum ersten Mal im Verlauf eines Frauenlebens werden nachvollziehbare individuelle Empfindungen und Kümmernisse einer Umbruchphase zu Krankheitssymptomen erklärt. Diese stereotype Betrachtungsweise und Behandlung missachtet die Individualität der betroffenen Frauen und schwächt, wenn die Frau diese Sichtweise übernimmt, ihre Eigenständigkeit.

Jugendliche in ihrer Sturm- und Drangzeit, die mit ihrem Idealismus überall anecken, die sich ihren Platz in der Gesellschaft noch suchen müssen und sich dabei oft nicht wohl in ihrer Haut fühlen, reagieren mit Recht äußerst gereizt auf die Unterstellung, dass das alles nur »die Hormone« seien. Erstaunlicherweise finden sich ältere Frauen in einer vergleichbaren Situation widerstandslos mit dieser profanen Erklärung ab.

Am meisten von einer Hormonsubstitution profitieren Frauen, die an einer reinen Yin-Schwäche (mit den oben aufgeführten Symptomen innere Unruhe, Nachtschweiß, Lendenschmerzen, Austrocknen der Schleimhäute und Schlafstörungen und sonst möglichst wenig anderen Beschwerden) leiden. Bei Frauen mit kombinierten Symptomen kommt es unter der Hormontherapie oft zu Erscheinungen wie Gewichtszunahme, Wassereinlagerung, schlechtem Gewebe, Müdigkeit, Konzentrationsstörungen und einer erhöhten Thrombosegefahr.

Viele Beschwerden während der Wechseljahre sind nicht, oder nicht nur, Symptome eines nachlassenden Yin, sondern hängen wie die Körperempfindungen der anderen Lebensphasen von der Lebenssituation, der Ernährung, den Denkmustern und der Umwelt ab. Solche Störungen, für die die Schulmedizin oft nur Namen wie menopausales Syndrom oder vegetative Dystonie hat, können von der chinesischen Medizin in ihrer Ursache erkannt und oft erfolgreich behandelt werden.

Die im Zusammenhang mit Wechseljahren genannten Depressionen oder depressiven Verstimmungen entstehen dann, wenn die Visionen, die expansive Holzenergie, nicht umgesetzt und gelebt werden.

Frauen sind nicht nur auf Hormone angewiesen. Sie können wählen! Fast alle Menschen in China, Männer wie Frauen, verwenden ab irgendeinem Zeitpunkt oft sehr komplizierte und individuell abgestimmte Kräutermixturen und Tonika.

Sun Simiao war der Meinung, dass Menschen ab vierzig aufbauende Medizin nehmen dürfen, wenn ihr Körper schwach ist, Menschen ab fünfzig aufbauende Medizin nehmen sollten und Menschen ab sechzig kaum darum herumkommen, aufbauende Medizin zu nehmen, wenn sie ihre Lebenskraft erhalten wollen.

Gallenfeuer:
Frauen mit Sendungsbewusstsein

Manche Frauen entwickeln in der Zeit der Wechseljahre ein ausgeprägtes und tragisches Sendungsbewusstsein. Sie nutzen die überschüssige Yang-Energie, um andere Menschen von ihren Lebensweisheiten zu überzeugen. Die chinesische Medizin sieht die Ursachen dieses Verhaltens in einem Leberyin-Mangel, auch als trockenes Holz bezeichnet. Das Bild zeigt sehr gut die Starrheit und Unbeugsamkeit, die sich in fest gefügten Gedanken äußert.

Der Galle, dem Yang-Aspekt des Holzes, wird in der chinesischen Medizin das Treffen von Entscheidungen zugesprochen. Werden notwendige Entscheidungen, meist aus Feigheit, nicht getroffen, staut sich die Galle. Die bittere und nun nach innen gerichtete Gallenenergie trocknet die Säfte, vor allem das Blut, zunehmend aus. Das Holz wird spröde und unflexibel. Ideen werden zu Zwängen.

Die Frau wird bitter und frustriert. Mund und Nase werden trocken. Es entsteht nicht nur ein bitterer Geschmack im Mund, sondern auch bittere und garstige Gedanken. Diese Frauen gehen dann verbittert und putzsüchtig durchs Leben und glauben an nichts Positives mehr. Neid entsteht und Missgunst und der Wunsch, Schönes und Liebevolles bei anderen nicht gelten zu lassen. Körperlich sind Arthrose und Unbeweglichkeit, austrocknende Schleimhäute, Blähungen, nachlassender Geruchssinn, trockene Genitalien und graugelber Teint häufige Begleiterscheinungen.

Der erste Schritt aus diesem Zustand ist, sich die eigene Boshaftigkeit einzugestehen und die darunter drohende

Wut zu spüren. Die Kaiserin entscheidet sich. Sie weiß, eine falsche Entscheidung ist besser als gar keine!
Der positive Ausdruck der Leberenergie ist Suchen und Sehnen, Finden und Weitergehen. Die Leber geht auf Reisen. Sie hat Visionen, denn die Öffnung der Leber, so sagen die Chinesen, sind die Augen. Sie hält nicht fest, sucht, findet und geht weiter. Nicht umsonst setzt sich das chinesische Zeichen für Sehen aus den beiden Zeichen Fuß und Auge zusammen.

Das tut die Kaiserin

Toleranz, Großmut und Humor sind Zeichen einer positiv gelebten Holzenergie. Frauen, die ein erfülltes Leben führen, halten sich nicht damit auf, anderen vorzuschreiben, was sie tun sollen. Andere edle Menschen dienen der Kaiserin als Inspiration. Mit unedlen ärgert sie sich nicht herum, da ihnen ohnehin die nötigen Herzöffnungen fehlen, um die wesentlichen Dinge zu erkennen.
Eine Kaiserin verharrt nicht auf ihren alten Erkenntnissen. Es gibt kein Wahr und Falsch, da alles sich stets wandelt. Eine Kaiserin missioniert nicht!
Die Kaiserin will das Echte, sie verabscheut ein Leben aus zweiter Hand. Sie weiß, ihre Jugend kommt nicht durch Antifaltencreme, nicht durch Hormonpräparate und nicht durch Lifting zurück. Sie weiß, Jugendlichkeit und Lebendigkeit kommen von innen, durch Freude, Spontaneität und ständiges Erneuern der Ideen. Dazu muss sie verbrauchte Illusionen ablegen und darf sich auch vor der Trauer nicht fürchten. Die Kaiserin nutzt die natürliche

Kraft ihres Lebensalters. Sie entscheidet sich für die Wahrheit, und die Wahrheit ist, sie ist keine dreißig mehr, und sie hat keine Pfirsichhaut. Der Kaiserin geht es nicht darum, so auszusehen, wie es in Frauenzeitschriften vorgemacht wird. Die Kaiserin macht diesen Zirkus nicht mit. Ihr geht es um Intensität und Lebendigkeit.
Warum soll sie mit fünfzig wie dreißig aussehen? Männer können nicht der Grund dafür sein. Natürlich wird die Zahl der Männer, unter denen eine Kaiserin wählen kann, mit den Jahren kleiner. Diejenigen, die eine Frau nur als Dekoration für ihr eigenes Ego suchen, fallen weg. Diejenigen, die eine jüngere Frau suchen, um von deren Vitalität zu profitieren, fallen ebenfalls weg. Diejenigen, die sich vor starken Frauen fürchten, fallen weg. Übrig bleiben einige »rüstige« und wohlhabende Achtzigjährige, die eine kostengünstige Gesellschafterin und Pflegerin suchen. Diese sind leicht auszusortieren.
Was dann bleibt, sind die in jedem Alter raren Männer mit differenzierten Ideen, Träumen, Visionen und ohne rigide Auffassung von Konventionen. Solche, die verstehen, hinter die Fassade zu blicken, und für die Esprit und erregender Sex untrennbar miteinander verbunden sind. Diese raren Männer wissen den Charme einer mürberen und weniger kindlichprallen, dafür aber umso empfindsameren Haut zu schätzen. Sie wünschen sich Frauen, die nicht nach ihren Einkommen fragen und danach, ob sie denn eine Familie ernähren können. Sie wünschen sich geistig unabhängige Frauen, die nach ihren eigenen Gesetzen leben und andere Menschen so lassen können, wie sie sind. Diese Männer wollen Frauen, die Qualität zu schätzen wissen. Kaiserinnen eben.

Die Kaiserin weiß, sie wird an Jahren nicht jünger. Darum nährt und regeneriert sie ihr Yin, denn sie will alles vom Leben haben. Wechseljahre beinhalten den Wechsel, aber eine Kaiserin hat ihr bisheriges Leben mutig und flexibel gelebt und den Wechsel nicht gescheut, wenn er anstand. Dies wird sich auch jetzt nicht ändern. Sie freut sich darüber, denn jeder Wechsel bringt neue, interessante Erfahrungen.

Die Kaiserin traut sich. Die Kaiserin wird in den Wechseljahren wieder jung, denn sie hat sich von den Klischees befreit und längst die Regie für ihr Leben übernommen. Die Kaiserin traut sich, auch wenn sie in ihrer eigenen Umgebung nicht viele positive Beispiele findet. Echte Kaiserinnen sind eben rar.

Eine Kaiserin führt ein aufregendes Leben, sie ist ohne Zwänge. Sie legt sich nur talentierte Liebhaber zu. Gegen trockene Scheidenschleimhäute hilft der Tee *Meißel, der Erstarrtes löst* aus Kapitel B. Wenn der Tee nicht hilft, wechselt sie den Mann. Um Unannehmlichkeiten weitgehend zu vermeiden, macht sie mit ihrem Liebhaber den unten beschriebenen Zungentest.

Exkurs: Woran die Kaiserin einen guten Liebhaber erkennt

Umfragen haben ergeben, dass Männer, die gute Handwerker, Musiker oder Künstler sind, auch in der Liebeskunst überzeugen, wohingegen Männer, die zwei linke Hände haben, wie der Volksmund sagt, sich auch als Lieb-

haber nicht eignen. Männer, die gerne essen, noch besser, die selbst gut und raffiniert kochen können, erweisen sich oft auch als erotisch talentierte Genießer. Sportler hingegen werden häufig überschätzt, sie halten leider meist nicht, was Frauen sich von ihnen versprechen. Das ist ärgerlich. Auch Geschmack bei der Kleidungswahl ist noch keine Gewähr für erotische Fähigkeiten und entsprechendes Feuer. Wenn ein Mann nicht gut küssen kann, ist bekanntlich dringend abzuraten.
Woran eine Kaiserin einen guten Liebhaber erkennt, sagt ihr die chinesische Zungendiagnose. (Nur die chinesische Pulsdiagnose ist hier noch aussagekräftiger, dafür aber auch deutlich schwerer zu erlernen.)

Chinesische Zungendiagnose für Liebhaberinnen
Die Kaiserin erkennt einen guten Liebhaber an der Form und Farbe seiner Zunge, darum lässt sie sich, wie Wu Zhao es ebenfalls tat, beizeiten die Zunge zeigen.

Der Feuermann
Wenn ein Mann eine Zunge wie Einstein, auf dem berühmten Bild hat, oder wie Mick Jagger, weiß die Kaiserin einen Liebhaber vor sich, der Geist mit Potenz und oft auch einer starken Persönlichkeit verbindet. Die Zunge ist lang, spitz und von einem kräftigen Rot. Sie kommt geradlinig und kraftvoll aus dem Mund und sollte nicht nach oben oder nach unten zeigen. Der ideale Liebhaber hat nur einen Hauch von Belag auf seiner Zunge. Eine völlig belaglose, knallrote, eventuell eingerissene Zunge kann eine Warnung darstellen, dass dieser Mann sich zu sehr verausgabt, dass er möglicherweise von Impotenz be-

droht ist oder nicht mehr sehr lange leben wird. Er sollte sein Yin mit Kräutern stärken. Als Liebhaber wird er aber meistens dennoch gut oder gar sehr gut sein (solange er noch kann).

Der Holzmann
Die breite Zunge mit deutlichen Muskelbäuchen an den Seiten und aufgeworfenen Rändern gehört meist einem Sportler oder einem eher aggressiven und cholerischen Mann. Ein solcher Mann ersetzt als Liebhaber Erotik durch blanke Potenz. Seine Machtgier und sein fast ausschließliches Reagieren auf optische Reize (Silikonbusen) lassen ihn glücklicherweise von sich aus einen Bogen um mächtige und erfahrene Frauen machen.

Der Metallmann
Sieht die Zunge aus wie ein viereckiges Paket, handelt es sich um einen sehr vernunftbetonten, fast schon zwanghaften Metallmenschen: Diesem Mann übergibt die Kaiserin ihre Steuererklärung und lässt ihn ihren Computer reparieren. Er ist treu, zuverlässig und fad und kann auf eine zwanghafte Art sehr dominant werden. Als Liebhaber zieht sie ihn kaum in Erwägung.

Der Wassermann
Wenn die Zunge sehr dünn und nur an der Spitze rot ist, hat die Kaiserin einen eher schüchternen und etwas schwierigen Mann vor sich. Er ist selten bösartig, möglicherweise aber übertrieben liebesbedürftig und ichbezogen. Als Freund kann er äußerst amüsant sein, neigt aber eventuell zum Jammern. Ichbezogen wie er ist, fürchtet

er sich nicht vor mächtigen Frauen, sondern schätzt sie als erregende Gegnerinnen. Er pflegt raffinierte sexuelle Praktiken unter Einsatz von allerlei Spielzeug und kann auch dabei durchaus amüsant sein. Von seiner Grundtendenz ist er aber eher unsicher und inspiriert sich gerne an den erotischen Schriften der Surrealisten oder de Sade.

Der Erdemann
Ist seine Zunge weich, rosa, breit und oft etwas gedunsen, kann der Mann meist gut kochen und zieht orale Genüsse häufig den genitalen vor. Bei ihm bekommt die Kaiserin immer einen guten Wein. Wenn sie sanft mit ihm umgeht und ihm Zeit lässt, kann es passieren, dass er sie mit seinem bevorzugten Dessert eincremt und sorgfältig abschleckt. Hetze und Stress sind ihm ein Gräuel, auch im Bett. Er bevorzugt üppige Frauen, bei denen er mit Recht große Genussfähigkeit erwartet. Wenn seine Trägheit, das heißt seine Feuchtigkeit, nicht überhand nimmt, die Zunge wäre dann sehr blass und gedunsen, zieht die Kaiserin ihn als Liebhaber durchaus in Betracht.

So unterstützt sich die Kaiserin in den Wechseljahren

Das Elixier *Der Tiefe Brunnen wird gefüllt* gibt Ruhe und Kraft. Bei Yin-Leere kommt es zu Nachtschweiß, Schlaflosigkeit, weichen Knien, wunden Lippen, trockenem Stuhl, innerer Unruhe und Ängstlichkeit. Der Tee füllt das Nieren-Yin und kühlt das Herzfeuer. Im Gegensatz zum

Kaiserinnenelixier aus Kapitel 4, das vor allem kurzfristig beruhigend wirkt, ist dieses stärkende Rezept für die kurmäßige Anwendung gedacht.

Kaiserinnenelixier: *Der tiefe Brunnen wird gefüllt*

Radix Rehmanniae viridis	12 g
Radix Scrophulariae	12 g
Radix Ophiopogontis	12 g
Radix Ginseng	12 g
Radix Salviae miltiorrhizae	12 g
Poria Cocos	60 g
Fructus Jujubae	60 g
Fructus Schisandrae	20 g
Semen Biotae	36 g
Radix Platycodontis	30 g
Radix Angelicae sinensis	30 g

Diese Menge reicht für eine Woche. Nach dem Essen einnehmen. Empfohlen wird eine Kur von vier Wochen, dafür wird die Konzentration verringert. Die doppelte Wochenmenge reicht dann für vier Wochen. (Zur Zubereitung siehe Seite 249 ff.)

Das Elixier *Die Kaiserin reitet den Drachen* hilft bei Gereiztheit und Stimmungsschwankungen mit Hitzewallungen. Diese Mischung kann bis zu vier Wochen eingenommen werden und reguliert den Hormonspiegel.

Kaiserinnenelixier: *Die Kaiserin reitet den Drachen*

Radix Angelicae sinensis	18g
Radix Paeoniae lactiflorae	36g
Radix Atractylodis macrocephalae	36g
Poria Cocos	18g
Radix Bupleuri	36g
Rhizoma Cyperi	36g
Rhizoma Coptidis	6 g
Radix Glycyrrhizae praeparatae	9 g

Diese Menge reicht für eine Woche. Nach dem Essen einnehmen. Die Einnahme kann längere Zeit erfolgen, sollte aber mit Spezialistinnen für chinesische Medizin abgesprochen werden, die das Rezept bei unzureichender Wirkung individuell anpassen oder verändern können. (Zur Zubereitung siehe Seite 249 ff.)

KAISERINNENSÄTZE

- Die Kaiserin traut sich.
- Die Kaiserin geht ihren eigenen Weg.
- Die Kaiserin hält sich nicht an Konventionen.
- Die Kaiserin hat viele Chancen.
- Die Kaiserin liebt das Leben.

10
Weisheit und Vollendung
Herz-Yang – Verbindung zum Kosmos – der letzte Liebhaber

Im Jahre 681 spürt Wu Zhao das Alter. Auch der Kaiser Gao Zong ist geschwächt. So reist sie noch einmal zu Sun Simiao.
»Wie kann ich halten die Macht und Kraft? Ich fühle mich alt und einsam.« So spricht Wu Zhao.
Sun Simiao ist alt und trotzdem jung. Kein lebender Mensch weiß von seiner Geburt. Essenzfeuer strahlt aus seinen Augen. Er schaut Wu Zhao, schaut ihr Wesen und lacht. »Doppelt so alt bin ich wie Ihr und staune jeden Tag über meine klappernden Knochen. Was wollt Ihr hören? Im Alter gilt, was für Euch schon immer galt: Die Ohren sollen nicht darauf hören, was andere reden, der Mund soll nicht sprechen, was andere hören wollen, der Körper soll sich nicht bewegen, wie andere es wünschen, und das Herz soll nichts ersehnen, was nicht in ihm ist. Doch das ist nicht alles, Wu Zhao«, spricht Sun Simiao, »eine Wahrheit gilt auch für Euch: Alles ist endlich, Kaiserin und himmlische Herrscherin. Jeder unserer Schritte führt zum Tod. Der letzte davon langt bei ihm an. Er ist das Ziel jedes Lebens. Was sind ein paar Jahre mehr des Lebens angesichts der Unendlichkeit des Todes? Die Essenz schwindet langsam oder schnell. Mangelt es an Essenz, mangelt es an Geist und Freude. Schwindet die Essenz vor der Zeit, werden die Menschen im

Alter zum wandelnden Leichnam. Es gibt zwei Wege, die Essenz zu bewahren. Nutzt sie sorgsam.«
»Ich habe gehört, es ist möglich, die Essenz zu vermehren und das Leben zu verlängern«, sagt Wu Zhao.
Sun Simiao spricht: »Die Kunst, das Leben über das vorausbestimmte Maß zu verlängern, wird den meisten Menschen verschlossen bleiben. Daher bewahrt die Euch zugemessene Essenz und vergeudet sie nicht. Nährt die Essenz mit Nahrung und Kräutern. Das ist das Erste. Sammelt Essenz beim Wolken- und Regenspiel. Das ist das Zweite. Wu Zhao, es geht dabei nicht um Lust.« Die Augen des Schamanen blitzen auf. »Essen und trinken, Mann und Weib – dies sind die großen Beweger. Was kann es noch mehr geben? Warum erfreut all dies die Menschen so sehr? Weil es die Essenz bewahrt. So wie Ihr edle Speisen wählt, so wählt auch edle Menschen um Euch. Wisst Ihr noch, Wu Zhao: Jung soll er sein und reich an Essenz? Das gilt noch immer. Die wesentlichen Dinge gelten das ganze Leben.
Dieser Tee Weißer Lotus wird Euch helfen, die Essenz zu bewahren.«
Lange weilt Wu Zhao bei dem greisen Schamanen. Liebe und Lachen erfüllt die Hallen. Am Ende spricht der Weise noch einmal und wie ein Leuchten klingt seine Stimme: »Ihr werdet noch mächtiger werden, Wu Zhao. Das ist gewiss. Doch vergesst nicht: Auch Ihr werdet sie zuletzt nicht halten, die Macht. Was groß ist, wird klein, was voll ist, wird leer. Was den Höhepunkt erreicht hat, muss untergehen. So ist das Gesetz des Himmels. Fürchtet nichts, und lasst Liebe strömen. Das Beste kommt zuletzt. Legt ab alle Angst. Die Beschwernisse des Alters gehen gewiss vorüber. Erwartet nichts, dann werdet Ihr frei sein.«

Im Jahre 682 verbindet Sun Simiao sich mit dem himmlischen Licht. Ein Jahr später sinkt der Kaiser Gao Zong für immer vom Pferd. Der Sohn folgt dem Vater auf den Thron. Wu Zhao ist Regentin. Sie hält die Fäden in der Hand. Denn, so lautet das Vermächtnis, bei wichtigen Angelegenheiten soll nach den Plänen der himmlischen Herrscherin verfahren werden. Wu Zhao weitet ihre Macht, baut Tempel für ihren Clan und ein Kloster für ihren Liebhaber, macht ihn zum Abt.

688 wird ein Stein aus dem Luo-Fluss gezogen, auf dem die Worte zu lesen sind: »Eine heilige Mutter wird erscheinen, die Menschen zu regieren, ihr Reich wird für immer gedeihen.«

Der Luo-Fluss wird für heilig erklärt und das Fischen dort verboten. Wu Zhao nimmt den Titel Heilige Mutter, göttliche Herrscherin an.

690, Wu Zhao ist fünfundsechzig Jahre alt, setzt sie sich selbst auf den Thron und gründet eine eigene Dynastie. Das ganze Reich liegt in ihren Händen. Sie hat ihr Ziel erreicht.

Doch wie kann sie halten die Macht und die Kraft, fragt sich Wu Zhao und fühlt dabei die Last ihrer Jahre. Sie spürt nach innen und meditiert. In der Versenkung erscheint ihr Sun Simiao. Und sie hört seine Worte: »Was groß ist, wird klein, was voll ist, wird leer. Was den Höhepunkt erreicht hat, muss untergehen. So ist das Gesetz des Himmels. Fürchtet nichts, und lasst Liebe strömen. Das Beste kommt zuletzt.«

Wu Zhao trinkt den Tee Weißer Lotus. Sie zelebriert den Wahnsinn. Sie hält nichts zurück. Sie lebt alles, was noch übrig ist von ihren Wünschen und Träumen. Ändert die Erbfolge. Verbietet das Schlachten von Tieren. Holt Dichter und Künstler, Außenseiter, herbei. Schreibt Gedichte. Sie unter-

stützt das Kloster Essenzquelle schöne Daoisten und erquickt sich mit jungen Künstlern und Mönchen. Wilde Kostümfeste brausen am kaiserlichen Hof, die Künstler als Unsterbliche verkleidet.
Achtzig Jahre beträgt ihr ehrwürdiges Älter, als sie im Jahre 705 ihren letzten Liebhaber umarmt – den Tod.

Die wilde Alte

In den Märchen gibt es sie, die weise alte Frau. Mit steinaltem Gesicht, in dem das Wissen gelebter Zeit Falten und Furchen gezogen hat. Sie heißt Baba Jaga oder Frau Holle und ist furchteinflößend und mächtig. Wenn man sich ihrer würdig erweist, gibt sie Rat und selbstlose Unterstützung.

Alte Frauen, die ein erfülltes Leben gehabt haben, können weise sein. Sie können zuhören und raten, von ihrem Blickpunkt aus und mit ihrem Abstand können sie weiter schauen. Und sie können viel geben, wenn sie großzügig sind.

Aber wer hört alten Frauen zu? Wer widmet ihnen Zeit, wer will hören, was sie zu sagen haben? Alte Frauen werden selten geachtet und verstanden, sie fordern Geduld und Aufmerksamkeit. Jugend zählt, Effektivität und Flexibilität. Dabei gibt es sie, die weisen Alten. Ein wenig verrückt von der herrschenden Meinung, sehen sie das Wesentliche.

Eine traurige Wahrheit ist, dass längst nicht alle alten Menschen weise sind. Wer die meiste Zeit seines Lebens wenig erlebt hat, immer aufgehoben im selben Trott, ist

oft innerlich gestorben vor der Zeit und kann nicht raten, sehen, schauen. Solche Menschen fühlen die eigene Todesnähe und beneiden die, die das erleben können, was sie sich versagt haben.
Wie sagt Sun Simiao? »Mangelt es an Essenz, mangelt es an Geist und Freude. Schwindet die Essenz vor der Zeit, werden die Menschen im Alter zum wandelnden Leichnam.« Wer selbst das Leben nicht genossen hat, wird kommenden Generationen auch nichts gönnen. Scheinbar vernünftige Gründe, nicht am Leben teilzunehmen, finden sich in jedem Alter. Eine Kaiserin lebt und liebt bis zum letzten Atemzug.

Das Bild

Mit dem Alter werden meist viele Krankheiten assoziiert. Aber das Alter an sich macht nicht krank. Die einzigen wirklichen Krankheiten des Alters sind Angst, Mutlosigkeit und Depression. Die Krankheiten, die gewöhnlich mit dem Alter in Verbindung gebracht werden, beginnen in Wirklichkeit sehr frühzeitig im Leben und sollten rechtzeitig behandelt werden. Geschieht dies, kann das Alter der Höhepunkt des Lebens werden – eine Zeit grenzenloser Öffnung und völligen Loslassens.
Ursache für so genannte Alterskrankheiten ist zuallererst der Essenzverlust. Der Geist wird schwach, und der Körper scheint sich aufzulösen. Innere Unruhe, Schlafstörungen, Nachtschweiß, Blasenschwäche, Panikattacken, Nachlassen des Gedächtnisses und des Gehörs, Ohrengeräusche, trockene Genitalien und weiche Knochen sind

typische Erscheinungen. Am meisten aber können Mutlosigkeit und Ängstlichkeit die letzten Jahre verdüstern.
Es ist sinnvoll, spätestens beim ersten Auftreten solcher Störungen Maßnahmen zum Schutz der Essenz einzuleiten. Dies kann, besonders bei einem anstrengenden Lebensstil, zum Beispiel bei vielen Geburten, sehr frühzeitig im Leben notwendig werden. Hilfreich sind sehr gute Nahrung, ab dem fünfzigsten Lebensjahr bereichert durch tonisierende Kräuter, Sex, wie er im Buche (der Nonne) steht, regelmäßiger Schlaf und rigoroser Verzicht auf Aufputschmittel und Stimulanzien. (Weitere Hinweise vergleiche Kapitel 4 und Kapitel 7.)

Das andere Problem ist Stagnation. Jede Behinderung lebendiger Funktionen führt zur Anhäufung von Schlacken, Schleim und geronnenem Blut. Sichtbar wird dies als Altersflecken, Warzen, Verhärtungen, Steifheit, Schmerzen aller Art, Gelenkveränderungen, Kreislauferkrankungen und Tumore. Vor allem aber geistige Unbeweglichkeit, Starrsinn, Konventionalität und mangelnde Lebensfreude bis hin zur Depression sind Folgen, wenn das Qi nicht mehr frei fließt. Auch hier ist es sinnvoll, sehr frühzeitig zu beginnen, der Erstarrung entgegenzusteuern. Eine unkonventionelle Geisteshaltung, Humor, viel körperliche und geistige Bewegung und der Mut zu, manchmal radikaler, Veränderung und Neuanfang sind das Wichtigste. (Weitere Hinweise vergleiche Kapitel 5 und 8.)
Bestimmte chinesische Kräuter zur Entgiftung und Entschlackung lösen Verhärtung auf. Sie können aber nur von chinesischen Ärztinnen verordnet werden.

Auch wenn es keine eigentlichen Alterskrankheiten gibt, ist das Qi schwächer, setzen sich Krankheiten schneller durch und brauchen ohne Unterstützung durch gute Ernährung, Bewegung und Kräuter länger, bis sie wieder verschwinden. Selbst kleinere Beschwerden können unbehandelt schneller chronisch werden als in jungen Jahren. Darum ist es wichtig, im Alter achtsam zu sein und wenn nötig schnell zu handeln.
Die Kaiserin bleibt heiter. Wie in jeder Lebensphase gilt: Die Essenz versiegeln (vergleiche Kapitel 4) und alle anderen Kräfte frei fließen lassen bringt Heilung. Starres Festhalten dagegen macht alt.

Was passiert energetisch

Im Laufe des Lebens verbrauchen sich die angeborenen Kräfte, die Essenz. Bei großer Fülle der Essenz sind die Menschen körperlich stark und präsent. Aber die rein körperliche Form der Essenz wird immer mehr zu Geist – so wie aus dem Wachs einer brennenden Kerze nach und nach Licht wird. Die Kraft und Präsenz des Körpers nimmt ab, und der Mensch wird feiner und ätherischer. Das Yin schmilzt und verglüht, und das Yang verlässt den Körper. Der Mensch löst sich auf. Oft äußert sich dies darin, dass ältere Menschen weniger Schlaf und weniger Nahrung brauchen. Wenn alle Essenz verbraucht ist, stirbt der Mensch. So wie eine Kerze kurz vor dem Verlöschen noch einmal aufflackert, können die letzten Jahre eines Menschen die hellsten und aufregendsten sein.
Im Idealfall verbrauchen sich der Yin- und der Yang-

Anteil der angeborenen Essenz in gleichem Maße. In der Realität ist dies aber in den verschiedenen Lebensphasen und auch zwischen Männern und Frauen sehr unterschiedlich. (Vergleiche Kapitel 9.) Verbraucht das kühle, feuchte und sammelnde Yin sich schneller, kommt es zu Schlafproblemen, innerer Unruhe, Osteoporose und Gedächtnisverlust, trockenen Schleimhäuten und trockener Haut. Verbraucht das aus sich herausgehende Yang sich schneller, kommt es zu Frieren, Lustlosigkeit, zu starker Introvertiertheit, Stagnation und Kälte.

Ganz gleich, ob der Yin- oder der Yang-Anteil der Essenz stärker betroffen ist, die mangelnde Energie macht anfälliger für Stagnation und Blockaden. Denn wenn der Strom der Energie insgesamt schwächer fließt, können sich wie in einem langsam strömenden Bach Schlacken leichter anlagern und hängen bleiben. Je weniger Energie einem Menschen zur Verfügung steht, umso weniger Widerstand kann er außerdem leisten, wenn einer der sechs schädigenden Einflüsse (schwüle Sommerhitze, Kälte, Feuchtigkeit, Wind, Hitze und Trockenheit) auf den Körper trifft und eine Krankheit auslöst. Solche Krankheiten sind oft Infektionen und Gelenkerkrankungen.

Das Alter selbst ist keine Krankheit, aber es ist eine wahre Kunst, im Alter gesund zu bleiben. Im Fall einer Erkrankung ist es nicht mehr sinnvoll zu warten, bis sich der Körper selbst regeneriert hat. Entweder ist der Körper dazu nicht mehr in der Lage, oder er wird durch diese Auseinandersetzung so geschwächt, dass er weiteren schädigenden Einflüssen nichts mehr entgegensetzen kann. Daher ist es klug, wie schon Sun Simiao sagte, im Alter neben erstklassiger Nahrung zusätzlich stärkende chinesische

Kräutertees zu nutzen. So kann die Lebensgrundlage, die Essenz, so lange wie möglich erhalten bleiben. Auch wenn der Körper sich kontinuierlich reduziert, können im Alter Harmonie und Ausgeglichenheit herrschen.

In dem Maße, in dem die körperliche Präsenz und Stärke schwinden, wird auch die Gebundenheit an Konventionen nachlassen und die Toleranz steigen. Ein positives Beispiel sind Großmütter, die ihren Enkelkindern das erlauben, was sie als Mütter noch verboten haben, die weise lächeln können über Dinge, über die sich andere noch aufregen. Sie wissen, alles wird vergehen, nur das Wesentliche bleibt. Sie wissen, Freude ist wichtiger als das Einhalten von Regeln.

Aber viele alte Menschen sind intolerant. Sie spüren das Schwinden ihrer Körperlichkeit und hoffen, die Zeit anzuhalten, indem sie jede Veränderung leugnen. Doch gerade so entgeht ihnen der Höhepunkt ihres Lebens: die Auflösung und die ungehemmte Offenheit.

Nur das Verschenken macht den Geist frei. Durch das Ballastabwerfen, die Befreiung von Besitz und beschwerenden Konventionen, kann eine Kaiserin auf neue Weise offen werden und im Idealfall eine ganz neue Freiheit genießen. So wie Friedrich Wilhelm Nietzsche es in seinem Gedicht *Ecce Homo* beschreibt:

Ja! Ich weiß woher ich stamme!
Ungezügelt gleich der Flamme,
Glühe und verzehr ich mich.
Licht wird alles, was ich fasse,
Kohle alles, was ich lasse.
Flamme bin ich sicherlich.

Exkurs: Angst und Erstarrung – das vorzeitige Altern

Alle Lebewesen müssen sterben. Die Angst vor dem Tod gehört zum Leben, wobei das Leben eines Hasen ungleich mehr von Angst geprägt ist als das eines Tigers. Für den Hasen ist die Angst eine lebensrettende Regung. Statt Angst vor dem Verhungern zu spüren, geht der Tiger auf Jagd. Erst wenn er sein Revier nicht mehr halten kann, weil er zu schwach geworden ist, zieht er sich an eine geschützte Stelle zurück und stirbt dann sehr schnell. Der Mensch aber, angeblich das gefährlichste Raubtier von allen, neigt sein ganzes Leben lang dazu, grundlos Angst zu haben. Angst, nicht dazuzugehören, Angst, etwas zu verpassen, Angst zu verarmen (Angst um die Rente), Angst vor den ersten Falten, Angst vor Liebesverlust.

Die Angst ist für die Chinesen eine der fünf Emotionen (Wut, Freude, Grübeln, Trauer und Angst). Sie ist mit den Nieren und der angeborenen Energie assoziiert. Auch der Wille sitzt in den Nieren. Ist die angeborene Energie, die Essenz, stark, ist der Wille fest verwurzelt. Die Niere ist vom Willen erfüllt. Solche Menschen kämpfen und geben niemals auf. Sie sterben furchtlos.

Häufig aber nimmt die Essenz im Laufe des Lebens zu schnell ab und verbraucht sich vor der Zeit. Angst schädigt die Nieren und die Willenskraft. Viele Menschen werden zunehmend von ihren Ängsten beherrscht. Sie sind körperlich noch anwesend, aber kaum noch lebendig. Ängste beschleunigen den Prozess des Verfalls, statt ihn aufzuhalten.

Das Altern selbst ist keineswegs nur Verfall. Es ist ein natürlicher Vorgang, bei dem Verfall und Wachstum ineinander übergehen. Der Körper löst sich auf und der Geist wird weit und grenzenlos. Guter Wein wird mit den Jahren besser. Schlechter Wein wird sauer.

Solange das Wachstum stärker ist als der Verfall, entwickelt der Mensch sich weiter und das Altern wird nicht als Last empfunden, sondern als Befreiung.

Von Ängsten geplagte Menschen beginnen sehr frühzeitig zu verfallen, ohne dass ihr Geist sich erweitert. Der Wille, die Nieren-Essenz, nimmt ab, während zunehmende Ängste jede Entwicklung verhindern.

Um unaufhörlich zu wachsen und zu lernen, bedarf es eines starken Willens und viel Mutes – einer starken Essenz. Ist die Essenz schwach, beenden die Menschen ihr geistiges Wachstum sehr frühzeitig, oft schon im dritten Lebensjahrzehnt. Statt sich zu entwickeln, halten sie ängstlich an dem fest, was sie haben. Sie engen ihren Geist ein, sichern ihren Besitzstand, festigen ihren Status und erwerben Immobilien. Angst zu verarmen.

Reisen werden nur noch in bekannte Hotels unternommen, da man sonst nie weiß, wie die Matratzen sind. Gegessen wird bei »unserem Italiener«, der hat wenigstens ein anständiges Preis-Leistungs-Verhältnis und die Räume sind nicht so verqualmt. Das Auto hat jetzt Standheizung. Angst vor Neuem und Unbequemem.

Die ersten Medikamente gegen Bluthochdruck, Schlafbeschwerden, Hitzewallungen werden zur Gewohnheit. Der Internist warnt vor Cholesterin. Die Frauenärztin empfiehlt Hormone. Angst vor dem Alter.

Die ersten Gleichaltrigen sterben. Und dann kommt die Angst vor dem Tod.

Der selbst gewählte Lebensstil ist zum unbeweglichen Korsett geworden. Man würde vielleicht noch einmal etwas Neues beginnen, aber wie schlägt sich das in der zu erwartenden Rente nieder?

Die Erstarrung beginnt in dem Moment, wo wir versuchen, den Fluss des Lebens aufzuhalten. Jedes Mal, wenn wir uns aus Feigheit oder Bequemlichkeit gegen unsere inneren Impulse entscheiden, büßt die Essenz, der Wille zu wachsen, ein klein wenig von ihrem Schwung ein. Der sinnlose Kampf gegen das Altern kostet täglich Lebenskraft und verhindert durch geistige Stagnation das Wachstum.

Nur eine Kaiserin, die sich jeden Tag aufs Neue Hals über Kopf in den Wahnsinn der ständigen Veränderung und des lebendigen Alterns stürzt, wird der Erstarrung entgehen.

Exkurs: Ginseng

Ginseng gilt als wahre Wunderdroge, was er – richtig eingesetzt – auch ist. Doch nicht für alle Frauen, auch nicht für alle alten Frauen ist Ginseng das Richtige. Ginseng stärkt den Yang-Aspekt der Ursprungsenergie. Er bewirkt, dass die Energie mehr nach außen tritt, aktiver wird. Wenn aber nur noch ein kleiner Rest Ursprungsenergie vorhanden ist, verströmt auch dieser vor der Zeit.

Zusätzlich hebt Ginseng die Energie nach oben, der Mensch vergeistigt, wird ätherischer und feinfühliger.

Auch dies ist nicht für jede Frau förderlich. Wenn nicht gleichzeitig das Yin genährt und für mehr Bodenkontakt gesorgt wird, können Probleme wie Schlaflosigkeit und innere Unruhe verstärkt werden. Daher ist es sinnvoll, bei Daueranwendung den Ginseng mit Yin nährenden Substanzen zu ergänzen. In unserem Rezept ist dies die Radix Rehmanniae, die Trockenheit und Säftemangel gut beheben kann, während gleichzeitig der Ginseng für frische Energie sorgt.

Das tut die Kaiserin

Die alte Kaiserin weiß schon lange, was ihr entspricht. Sie ist weise und visionär. Sie weiß um ihre magischen Kräfte und blickt ins Jenseits.

Die Kaiserin fürchtet nichts. Sie bereut nur die Dummheiten, die sie versäumt hat. Ansonsten verschwendet sie keine Zeit auf Gedanken, die mit den Worten beginnen: Hätte ich doch. Die Kaiserin hat! Sie lebt und stirbt wie eine Tigerin. Mächtig, respektlos und stolz.

Daher gönnt die Kaiserin jüngeren Menschen von Herzen, dass diese ihre eigenen Dummheiten machen und alles ausprobieren, was das Leben bietet. Die Kaiserin unterstützt sie, wo sie kann. Geht einmal etwas schief, lacht sie und bringt andere dazu, selbst wieder zu lachen. Die Kaiserin erzählt freigebig und schamlos von eigenen Kämpfen und Missgeschicken.

Der Satz »Früher muss sie einmal sehr schön gewesen sein« trifft auf die Kaiserin nicht zu. Sie ist zeitlos schön und zieht Menschen durch ihren wilden Humor und ihre ungebändigte Lebenslust in ihren Bann. Sie lacht gerne und aus vollem Herzen, am liebsten über sich selbst.

Sie weiß um das Alter ihres Körpers und versucht nicht wie eine konservierte und innerlich erstarrte California-Greisin auszusehen. Macht und Wissen macht die ältere Kaiserin attraktiv. Das heißt nicht, dass Erotik jetzt an Wichtigkeit verliert. Sehnsucht nach Sex und Liebe sind in jedem Alter vorhanden, nur die Illusionen werden weniger. Die Kaiserin weiß, ihre Attraktivität kommt von ihrer Macht, vielleicht von ihrem Geld und natürlich von ihrer magischen und spirituellen Ausstrahlung. Ihre Weisheit ist nicht nur von dieser Welt.

Auch im Alter zeigt sich wie vorher schon: Längst nicht jeder Mann ist einer Kaiserin gewachsen!

Die Kaiserin überlässt ihren Körper keiner Bevormundung. Sie sucht sich beizeiten Unterstützung durch Heilkundige, die sie nicht gängeln, sondern informieren – auch wenn die Kasse dies nicht zahlt! Und sie sichert sich durch ein Patiententestament rechtzeitig vor gewaltsamen Übergriffen und Grausamkeiten. Sie trägt selbst die Verantwortung für ihre Gesundheit, ihre Lebendigkeit und ihren kaiserlichen Tod. Die Kaiserin jammert nicht.

Die Kaiserin hält sich lebendig mit Qi-Gong (gezielten Übungen zur Beeinflussung des Qi-Flusses) und mit tonisierenden Kräutern. Sie weiß, ein großer Teil der so genannten Altersbeschwerden beruht auf Mangel an Vitalstoffen, hervorgerufen durch Fertiggerichte und Billignahrung. Die Kaiserin genießt jede Sekunde ihres schwindenden Lebens und nährt sich nur mit den edelsten

Speisen. Dass dabei weniger mehr ist, versteht sich von selbst. Die Kaiserin genießt lieber wenige Sushis oder Austern und zarte frische Kräuter als gehäufte Teller mit verschlackender, toter Dosenkost und fettem Fleischsalat. Ebenso lässt eine Kaiserin nur die feinsten Stoffe an ihre Haut und genießt Bäder mit edlen Ölen und ätherischen Düften. Die Kaiserin ist großzügig.

Als Liebhaber und Freunde wählt die Kaiserin Menschen mit guter Energie. Sie macht das, was ihr Freude bereitet und was ihre Essenz vermehrt. Sie weiß: Guter Sex mit jüngeren Männern verlängert ihr Leben, schlechter Sex verdirbt es. Guter Sex intensiviert das Leben und inspiriert. Darum geht es ihr. Was nützt ein an Jahren langes Leben, wenn es nicht gefüllt ist mit Liebe und Lust und Lebendigkeit?

Gleiches gilt für Gespräche und geistigen Austausch. Die Kaiserin vertrödelt ihre kostbare Zeit nicht mit dummen und langweiligen Menschen. Letzte Konventionen und Rücksichtnahmen wirft sie nun über Bord.

Der Kontakt mit Kindern, Künstlern und Menschen, die außerhalb der Gesellschaft stehen, kann helfen, einen anderen Blick auf die Realität zu werfen und offen und frei zu werden. Viele dieser Menschen haben andere Perspektiven und sind frei und offen für die Weisheit des Alters. Und Weisheit wächst, wenn sie verteilt wird.

Die Kaiserin spart die Schattenseiten nicht aus. Sie weiß, Weisheit wächst oft in den dunkelsten Stunden. Ohne zu akzeptieren, dass es schmerzhafte, schmutzige und traurige Seiten des Lebens gibt, kann die Kaiserin nicht wirklich weise werden. Mit der Weisheit ist es wie mit dem weißen Lotus, aus dem dunklen Sumpf wächst er ans Licht. Die

Weisheit einer Kaiserin stammt aus eigener Erfahrung. Durch Schmerzen hat sie ihr Lachen gefunden.
Die Kaiserin weiß: Jugend und Alter haben nicht notwendig nur mit dem biologischen Alter zu tun. Es gibt zwanzigjährige Greise und hundertvierzigjährige Jünglinge wie Sun Simiao. Ebenso haben Dummheit und Geist nicht immer etwas mit dem Ausbildungsgrad zu tun.
Ein chinesisches Gedicht lautet:

Es gibt Menschen, die leben, aber sie sind schon tot.
Es gibt Menschen, die sind schon gestorben, aber sie werden immer leben.

Die Kaiserin verliert nie den Kontakt zum Leben. Sie hat schon immer so intensiv gelebt, als könne sie in der nächsten Stunde sterben. Genau so lebt sie weiter. Jeder Tag eine kleine Ewigkeit.
Die Kaiserin hat keine Angst vor dem Tod. Sie weiß, er wird ihr bester Liebhaber sein. Sie hat die Sehnsucht nach dem Tod in verschiedenen Lebensphasen gespürt und läuft vor dieser Erfahrung auch jetzt nicht davon. Sie weiß, die Sehnsucht nach dem Tod ist die Sehnsucht, endlich ganz zu sein, im Wesen erkannt und akzeptiert zu werden. Manchmal ist es die Sehnsucht, alles zu leben, all ihr Feuer auflodern zu lassen. Im Alter spätestens kann die Kaiserin genau das tun: auf großer Flamme kochen. Sie ist dem Tod ganz nah. Wie immer im Leben. Darum kann ihr nichts passieren. Die Kaiserin macht sich nichts vor. Wenn es soweit ist, stürzt sie sich ohne Reue dem Tod in die Arme.

So beugt die Kaiserin Beschwerden durch Essenzverlust vor

Der Tee *Weißer Lotus* hilft gegen Beschwerden des Alters. Er reduziert den Essenzverlust und stärkt Yin und Yang. Er ist tiefschwarz wie der dunkle, geheimnisvolle Sumpf, aus dem der Lotus schneeweiß und unbefleckt herauswächst. Die Wirkung des Tees sollte durch sorgfältige, erstklassige und frische Ernährung ergänzt werden.

Kaiserinnenelixier: *Weißer Lotus*

Radix Ginseng, weiß	3 g
Radix Rehmanniae praeparatae	6 g

Dies ist eine Tagesdosis.
30 Minuten köcheln lassen und verteilt über den Tag in kleinen Schlucken trinken. (Zur Zubereitung siehe Seite 249 ff.) Der Tee wird kurmäßig mindestens 4 Wochen lang angewandt. Diese Kur kann ohne Schaden wiederholt werden, sollte aber mit Spezialistinnen für chinesische Medizin abgesprochen werden.

KAISERINNENSÄTZE

- Die Kaiserin meidet herrschsüchtige Ärzte und Menschen, die nicht lachen.
- Die Kaiserin bricht das letzte Tabu.

- Die Kaiserin bereut nur die Dummheiten, die sie versäumt hat.
- Die Kaiserin erwartet den Tod als besten ihrer Liebhaber.
- Die Kaiserin ist großzügig.

Anhang
Die Zubereitung chinesischer Kräutertees

Die im Buch aufgeführten Kräuterrezepte sind zum größten Teil weit über tausend Jahre alt und entstammen der esoterischen Tradition innerhalb der chinesischen Medizin. Viele der Mischungen wurden von dem Arzt und Schamanen Sun Simiao für die Kaiserin Wu persönlich erdacht und in seinen Büchern überliefert.

Alle Rezepte wurden von uns in jahrelanger ärztlicher Praxis getestet. Die Dosierungen sind für mitteleuropäische Frauen mit normalen Stoffwechselverhältnissen und ohne schwerwiegende Erkrankungen gedacht. Toxische Substanzen wurden nicht verwendet. Dennoch, chinesische Kräuter sind nicht zum Selbstexperimentieren gedacht. Die Kaiserin bespricht die Anwendung der Kräuter daher mit einer qualifizierten Ärztin für chinesische Medizin. Dies ist besonders wichtig, wenn die Kräuter nicht die erwünschte Wirkung zeigen, aber auch wenn die Kaiserin so begeistert ist, dass sie die Kräuter gerne über längere Zeit einnehmen möchte. Für unsachgemäße Anwendung übernehmen die Autorinnen keine Verantwortung.

Der Kaiserin dienen Krankheiten und Beschwerden als Aufforderung und Hilfe, sich selbst zu erkennen und weiterzuentwickeln. Symptome einfach zu unterdrücken, wird mit chinesischen Kräutern niemals funktionieren.

In der Zeit, in der die Elixiere getrunken werden, verzichtet die Kaiserin auf schwer verdauliche, fettige und stark gewürzte Nahrungsmittel und Alkohol. Kein Tee sollte ohne ärztlichen Rat länger als zwei Wochen eingenommen werden. Danach sucht die Kaiserin eine Spezialistin für chinesische Medizin auf. Dies gilt auch für schwerwiegendere, individuelle Störungen. Schwangere und stillende Mütter sollten vor Kräutereinnahme bedenken, dass die Bedürfnisse ihrer Kinder sich von den eigenen unterscheiden können.

Chinesische Medikamente bestehen meist aus Wurzelteilen, Pflanzenstängeln, Blättern, Blüten, Früchten und Rinde verschiedener Pflanzen. Bereits das Hantieren mit diesen fremden und vielfältigen Substanzen kann eine subtile Wirkung auf das Wohlbefinden der Kaiserin haben, wenn sie offen und aufgeschlossen für neue Empfindungen ist. Augen, Nase und Hände werden, wenn die Kaiserin das erste Mal die Tüte mit einer chinesischen Kräuterteemischung öffnet, neue, ungewohnte Eindrücke wahrnehmen. Auch der Geschmack, wenn der Sud gebraut ist, wird vielleicht ein wenig fremd und gewöhnungsbedürftig sein.

Die Autorinnen finden die Tees sehr wohlschmeckend, aber es soll nicht unerwähnt bleiben, dass es Menschen gibt, denen der Geschmack zunächst gar nicht zusagt. *Dennoch sollte niemals versucht werden, die Tees durch Zugabe von Zucker oder anderen Substanzen zu verändern.*

Tatsächlich wurden die Tees von ihren Schöpfern bewusst nach Duft und Geschmack zusammengestellt, in der Annahme, dass bestimmte Düfte und Geschmacksrichtungen unmittelbar auf die komplizierten Mechanismen von Körper und Seele einwirken. Ein anderer Geschmack bedeutet daher auch eine andere Wirkung.

Kräutermischungen zum Selbstzubereiten sind Fertigpräparaten vorzuziehen. Die Kaiserin lässt sich das Vergnügen und den Duft der Zubereitung nicht entgehen. Sie spürt die Wirkung der Kräuteressenzen. Hinzu kommt, dass bei Fertigpräparaten oft unklar ist, welche Ingredienzen wirklich verwendet wurden.

Die angegebenen Kräutermengen sind normalerweise für eine Woche gedacht. Das heißt: Größere und stärkere Frauen nehmen das Gebräu im Laufe von fünf Tagen ein, kleinere und empfindlichere Frauen im Laufe von sechs, maximal sieben Tagen.

Grundsätzliche Zubereitung

Die Kräuter werden in einen Topf (am besten aus Ton, ersatzweise Email oder Edelstahl) mit kaltem Wasser gegeben, so dass sie gut bedeckt sind, und mindestens zwanzig Minuten eingeweicht. Anschließend werden sie im Einweichwasser zum Kochen gebracht und zwanzig Minuten zugedeckt und auf kleiner Flamme geköchelt. Wenn während des Einweichens alles Wasser aufgesogen wurde, muss vor dem Kochen wieder Wasser nachgegossen werden.

Danach die Kräuter absehen und die Flüssigkeit aufbewahren.

Erneut kaltes Wasser auf die Kräuter gießen und noch mal zwanzig Minuten köcheln lassen. Absehen und beide Flüssigkeiten miteinander vermischen.

Die gesamte Wassermenge sollte so gewählt werden, dass die erhaltene Teemenge für die Einnahmezeit ausreicht – pro Tag also zirka 300 ml. Sollte während des Köchelns zu viel Wasser verdunsten, darf etwas Wasser nachgegossen werden.

Die Kräuter können auf einmal zubereitet werden oder

jeden Tag frisch. Die erste Methode spart Zeit, die zweite ist sinnlicher und wirkungsvoller.

Zubereitung für eine Woche (fünf bis sechs Tage)

Alle Kräuter einer Wochenration werden auf einmal zubereitet. Die erhaltene Flüssigkeit (zirka 1,5 Liter) kann bis zu sechs Tage im Kühlschrank aufbewahrt werden. Die Mengenangaben sind in den meisten Fällen für eine knappe Woche, das heißt fünf bis sechs Tage, gedacht. Zum Einnehmen wird dreimal täglich etwas Tee erwärmt (Nicht in der Mikrowelle!) und vor oder nach dem Essen (siehe Rezept) getrunken.

Entscheidend für die Wirkung ist die von uns vorgegebene Dosierung der einzelnen Kräuter und nicht die Wassermenge: Gleichgültig wie viel Flüssigkeit beim Zubereiten entstanden ist, sollte daher die gesamte Teemenge innerhalb der angegebenen Zeit verbraucht werden.

Tägliche Zubereitung

Die Wirkung ist besser, wenn der Tee jeden Tag frisch zubereitet wird. Die Kaiserin, die sich etwas mehr Zeit für sich selbst nehmen möchte und das magische Ritual der Kräuterzubereitung genießt, bereitet sich ihren Kräutersud daher täglich frisch zu, dafür unterteilt sie ihre Wochenration Kräuter in fünf bis sechs gleich große Einzelrationen.

Eventuelle Abweichungen in der Zubereitung werden bei den einzelnen Rezepten erwähnt. Wer eine Spezialistin für chinesische Medizin aufsucht, kann ebenfalls abweichende und individuell angepasste Anweisungen erhalten, die dann natürlich gelten.

Bezugsquellen

In vielen größeren Städten gibt es mittlerweile Apotheken, die über chinesische Kräuter verfügen und garantieren sollten, dass die Rohstoffe unbelastet sind. Wenn Ihnen Ihre Apotheke nicht weiterhelfen kann, können Sie im Internet unter www.Zinnoberfluss.de Bezugsadressen erfahren.

Auskunft gibt auch das Centrum für Chinesische Medizin und Lebensart in Hamburg, Tel: 040/45 03 93 44, Fax: 040/45 03 93 45.

Glossar

Blut: Nährender Saft. Yin-Aspekt des Qi, das heißt, Blut vermehrt, tränkt, nährt und wirkt der Auflösung durch das Yang entgegen. Für die chinesische Medizin die »Wurzel der Frau«. Die Bedeutung des Blutes für die Frau zeigt sich in den Funktionen Menstruation, Schwangerschaft, Stillen und Menopause. (Muttermilch gilt als andere Erscheinungsform des Blutes.) Mangelt es an Blut, kommt es zu einem Gefühl von Trockenheit, innerer Unruhe, zu Blässe und Krämpfen.

Drei Schätze: Qi, Essenz und Shen. Diese drei machen ein Lebewesen aus. Alle drei können sich ineinander umwandeln und stellen nur unterschiedliche Aspekte desselben Ganzen dar. Die Essenz bewahrt, das Shen vergeistigt. Qi ist Umwandlung und Bewegung und gleichzeitig Oberbegriff für alles, was ist.

Essenz: Materielle und bewahrende Form des Qi. Das, was so lange bleibt, wie der Mensch besteht. Essenz verbraucht sich im Laufe des Lebens, bis der Mensch ganz aufgelöst und vergeistigt ist. Ein Teil der Essenz wird in Form von Erbmaterial auf die kommenden Generationen weitergegeben. Im Embryo wird die zarte und erst entstehende Essenz durch das mütterliche Blut genährt und stabilisiert. Nach der Geburt wird der Mensch noch eine Zeit lang durch »Blut« in Form von Milch genährt. Danach ist der Mensch darauf angewiesen, sich selbst gut zu ernähren und zu pflegen. So wird die Essenz möglichst lange bewahrt. Bei unvernünftiger Lebensführung wird Essenz vorschnell vergeudet. Vorzeitiges Altern und Demenz sind die Folge. Bestimmte Kräuter, Meditation und Sexualtechniken helfen, die Essenz zu nähren.

Fünf Wandlungsphasen: auch »Fünf Elemente« genannt – Wasser, Holz, Feuer, Metall und Erde. Siehe Einleitung.

Herz: Organ, das im Menschen dem Feuer entspricht. Wohnort der Shen-Seele; zuständig für Zunge, Sprache, Lachen. Geistige Funktionen: Freude, Liebe, Geist, Unterscheidungsfähigkeit.

Leber: Organ, das dem Holz entspricht. Wohnort der Hun-Seele; zuständig für Gallenblase, Augen, Fingernägel, Blutgefäße, Spannkraft. Geistige Funktionen: Wut, Phantasie, Visionen, Kreativität, Entscheidung, Begehren.

Lunge: Organ, das im Menschen dem Metall entspricht. Wohnort der Po-Seele; zuständig für Dickdarm, Haut, Ausscheidung, (Immun-)Abwehr, Atmung, Geruchssinn. Geistige Funktionen: Trauer, Einsamkeit, Isolation, Abschiednehmen.

Milz: Organ, das im Menschen der Erde entspricht. Wohnort der Gedanken-Seele; zuständig für Stoffwechsel, Magen, »Fleischigkeit«, »Saft und Kraft«, Stehvermögen. Geistige Funktionen: Gedanken, Weisheit, Grübeln, Wiederkäuen und Verarbeiten von Information.

Niere: Organ, das im Menschen dem Wasser entspricht. Wohnort des Willens; zuständig für Blase, Haare, Gehör, Gedächtnis und Fortpflanzung. Geistige Funktionen: Angst, Sterben, Erinnern, Sein.

Qi: Grundlage aller Erscheinungen auf der Welt. Die (im Westen relativ moderne) Vorstellung der Äquivalenz von Masse und Energie ist Grundlage der chinesischen Naturvorstellung. Qi wird oft einseitig als »Energie« übersetzt. In Wirklichkeit ist es ein Oberbegriff für Materie und Energie und deren ständige Umwandlung von einem in das andere. Schmerzen und Funktionsstörungen sind für die Chinesen Störungen des Qi-Flusses: Qi-Stagnation.
In seiner nährenden, saftigen Funktion wird Qi auch Blut, in einer sehr stark materiellen und bewahrenden Form Essenz genannt. In einer bewegten und bewegenden Funktion wird es Qi im engeren Sinne genannt.

Säfte: neben Blut zum Beispiel Speichel, Sekrete, Gelenkflüssigkeit, Verdauungssäfte. Alles, was den Menschen befeuchtet. Auch die Säfte gelten als Erscheinungsform des Qi. Austrocknung und »Verwelkung« sind Zeichen allgemeiner Erschöpfung und nicht durch einfaches literweises Trinken von Wasser zu beheben.

Shen-Seele: auch Geist genannt. Shen wohnt im Herzen und dringt mit seiner feurigen Qualität überallhin. Belebtes Qi (Menschen, Tiere, Pflanzen) unterscheidet sich von anderen Dingen dadurch, dass es von Shen durchdrungen ist. Shen kann in unterschiedlicher Qualität und Menge vorhanden sein.

Yin und Yang: siehe Einleitung.